시진핑, 부패와의 전쟁

"탁한 물은 쏟아버리고 깨끗한 물로 채워라"

시 진 핑,
부패와의
전   쟁

청지룽 지음 · 유상철 옮김

종이와
나무

중국 시진핑(習近平) 주석 관련 서적은 서점가에서 가히 열풍이라고 할 정도로 봇물을 이룬다. 시 주석에 대한 높은 관심과 위상이 어느 정도인지 엿볼 수 있는 대목이다. 시 주석의 취임 일성은 '부패와의 전쟁'이다.

'부패와의 전쟁'이란 말은 우리에게도 낯설지 않다. 우리도 정권이 바뀔 때마다 전면에 등장하는 슬로건이었기 때문이다. 하지만 암초에 부딪혀 좌초해버리는 난파선처럼 결국 용두사미로 끝나고 말았다.

혁신과 변화 없이는 살 수 없는 세상에서 부정부패는 혁신과 변화를 가로막는 제일의 걸림돌임은 불문가지의 사실이다. 우리도 올바른 대한민국을 만들기 위해 "먹구름에 눌려 성이 무너지려 한다", "가벼운 깃털도 쌓이면 배를 가라앉힌다"고 언급하는 시 주석의 부패 척결 의지를 곱씹어볼 필요가 있다.

2백여 년 전부터 올바른 행정의 지침서로서 가치를 인정받고 있는 다산 정약용의《목민심서》처럼, 이 책이 시대를 떠나 우리나라 공직자는 물론 국민들에게도 양서가 되기를 기대한다.

2016년 5월
정우택(국회의원)

중국을 오가며 한 지인(知人)의 소개로 청지룽(程繼隆) 선생을 만난 게 지난해 9월의 일이었다. 온화한 얼굴, 나지막한 목소리, 술은 일적불음(一滴不飲)이라며 손사래 치는 선생은 꽤나 수줍음을 탄다는 인상을 주었다.

그러나 시진핑(習近平) 중국 국가주석의 반(反)부패 이야기가 나오자 전혀 다른 모습이었다. 목소리엔 힘이 넘치는 등 아연 활기를 띠었다. 선생이 바로 부패와 청렴을 논하는 시진핑 주석의 말을 쉽게 풀이한 장본인이었다.

중국에서 시진핑 주석과 관련된 책을 아무나 낼 수 있는 것은 아니다. 당국의 특별한 허가를 요한다. '격탁양청(激濁揚淸)', '탁한 물을 흘려보내고 맑은 물을 끌어들이라'는 이 책의 원 제목 자체가 주는 울림이 컸다.

한때 공직의 길을 걸은 경험이 있어서인지 욕심이 났다. 특히 책이 중국에서 출간된 지 얼마 안 된다는 설명에 더 그런 마음이 들었다. 내용을 살피고는 결심을 굳혔다. 우리 사회를 맑은 물로 가득 채울 길라잡이 역할을 할 것으로 믿어 의심치 않는다.

2016년 3월

유준호(디지털서울문화예술대학교 산학협력단장, 전 청와대 행정관)

차례

1____공정하면 깨끗해지고 청렴하면 권위가 생긴다

청렴을 권하는 말

청렴한 정치를 다룬 경전(經典)들은 중국의 소중한 정신적 자산이다. 여기에 담긴 지혜는 후대에 시사하는 바가 크다. 이 경전들은 청렴의 원칙을 지켜 세속의 이해타산에 휩쓸리지 않는다면 큰 성취를 얻을 수 있음을 일깨워준다. 관료가 청렴결백하면 타의 모범이 되어 한 사회를 조화롭고 안정적으로 발전시킬 수 있다. 이 책은 시진핑(習近平) 중국 국가주석이 여러 회의석상에서 '청렴할 것을 권하는 말'을 모아 엮은 것이다. 그 한마디 한마디가 마음 깊숙이 파고들어 경종(警鐘) 소리처럼 긴 울림을 준다.

예부터 모든 왕조의 통치자는 관료에게 청렴결백할 것을 권장했다. 백성도 욕심 없이 곧고 깨끗한 관리를 칭송했다. 이러한 청백리(淸白吏)들은 백성을 위해 일하면서 사적인 이익을 도모하지 않았다. 이들은 백성의 지지가 있어야 관료의 지위가 안정적이며 국가 또한 융성할 수 있음을 잘 알고 있었다. 이것이 바로 "정치는 민심을 따르는 데서 흥성하고, 민심을 거스르는 데서 쇠망한다(政之所興在順民心, 政之所廢在逆民心)"는 이치다. 한 국가의 흥망성쇠를 가르는 것은 결국 인민이기 때문이다. 시진핑이 외치는 '중국꿈(中國夢)'의 구현 또한 이와 크게 다르지 않다. 당의 간부라면 마땅히 청렴의 깊은 뜻을 헤아려 '인민을 위하고 인민을 사랑한다(爲民愛民)'는 인본주의 원칙 아래 일해야 한다.

청렴결백은 인간이 지닌 고결한 품성 가운데 하나다. 사회 구성원이 청렴결백하려고 애쓰면 사회가 깨끗해질 것이고, 관료가 청렴결백하기를 노력한다면 정부가 맑아질 것이다. 그러나 관료가 부패하면 민생은 불안해지고 국가는 위기를 맞게 된다. 과거 중국 공산당은 청렴결백을 관료 선발의 가늠자로 활용했으며, 지금도 당 간부의 평가 기준으로 이용하고 있다. 청렴결백은 당 간부가 반드시 지녀야 할, 없어서는 안 되는 품성이다.

나라를 다스리기 위해서는 당이 먼저 바로 서야 하고, 당을 바로 세우기 위해서는 엄격함이 필수다. 기강 유지는 중국 공산당의 우수한 전통이자 귀중한 경험의 축적이며 일관된 방침이다. 이 방침을 굳건히 지니는 것은 당의 선진성과 순수성을 지키고 당의 단결력과 추진력을 높이는 중요한 초석이다. 암석에 족적을 남기고 강철에 흔적을 기록한다는 각오로 이 전통을 지켜야 한다. 또한 이 문제를 당원 전체와 인민 모두의 감독 아래 두어 그 변화를 인민이 직접 느낄 수 있게 해야 한다. 현재 중국은 시진핑을 비롯한 당 고위 간부부터 솔선수범해 부패를 척결하고 청렴을 세우는 데 온 힘을 기울이고 있다.

청지룽(程繼隆)

1

공정하면 **깨끗**해지고
청렴하면 **권위**가 생긴다

부패는 싹부터
잘라내야 한다

일 처리에 신중하고 몸가짐은 무겁게 하라. 엄격하게 수신에
힘쓰고 엄격하게 권력을 행사하며 엄격하게 자신을 단속하
라. 일을 도모하고 처신함에 성실해야 한다. 정정당당하고 공
명정대하게 기꺼이 책임지는 자세로 난관을 돌파하는 용기가
필요하다. 거짓말과 큰소리, 헛소리는 삼가라. 일체의 부패 유
혹에 고도의 경각심을 가지라. 홀로 있을 때 삼가고 시작부터
삼가며 사소한 것에도 삼가는 자세를 견지하라. "부패는 싹부
터 잘라내야 한다."

- 2014년 3월 18일, 허난성 란카오현(蘭考縣)에서 열린 '군중노선 교육실천
  활동' 중에서

출처

청은 병을 징벌하고 호를 항복시킨 뒤 선우란 호를 하사했다.
이것은 그 싹이 자라나는 것을 그 시작 단계에서 일찌감치
잘라내기 위해서였다.

清誅屛降胡, 以單于之號以防微杜漸.

- 서진(西晉), 위소(韋謏)의《계간염민(啟諫冉閔)》

미(微): 아주 작다.
두(杜): 막다.
점(漸): 시작 단계.

긴장의 끈을 잠시도 풀지 마라

당 간부, 특히 사회적 자원을 관리하는 고급 간부는 부패 유혹의 대상이 되기 쉽다. 따라서 엄격한 자기 관리가 요구된다. 흔히 '작은 성의'라고 일컬어지는 소소한 선물에 미혹되지 않아야 더 큰 잘못을 막을 수 있다. 간부가 재물의 유혹에 빠진다는 것은 초심이 흔들렸기 때문이다. 싱싱한 달걀엔 파리가 들끓지 않는다. 초심을 잃은 자에겐 유혹의 손길이 뻗쳐오기 마련이다.

당 간부는 아무리 작은 유혹이 있을지라도 이에 대해 당당히 '아니요'라고 말해야 한다. 물론 인정이 오가는 세상에서 자그마한 성의에도 늘 경각심을 견지한다는 것은 쉬운 일이 아니다. 그러나 뭔가 꿍꿍이를 가진 사람들은 호시탐탐 비집고 들어올 틈만을 노린다. 최근 낙마한 관료를 보면 노동자 또는 지식청년 출신이 적지 않다. 모두 어려운 시기를 이겨낸 사람들이다. 이들이 부패의 유혹에 쉽게 흔들리지는 않는다. 그러나 이런저런 작은 성의에 못 이기다가 결국엔 대의를 망각해버리고 부패의 늪에 빠지고 말았다.

낙마한 관리들도 처음엔 모두 국가와 인민을 위해 멸사봉공할 것을 맹세했다. 역사에 이름을 남기겠다는 포부로 엄격하게 자신을 관리했다. 그러나 시간이 흐르면서 경각심이 약해진 게 문제였다. 후회해야 때는 이미 늦다. 성현의 가르침에 "악은 아무리 작아도 행하지 말라(勿以惡小而爲之)"는 말이 있다. 홀로 있어도 삼가고 처음부터 삼가며 사소한 것에도 삼가는 그런 태도로 부패는 싹이 자라기 전에 잘라내야 한다. 당기(黨紀)와 국법(國法)이라는 긴장의 끈을 잠시도 풀어서는 안 된다. 그래야만 부패로부터 자신을 지킬 수 있다.

빈말만
늘어놓는가

학습하면서 수박 겉 핥기 식으로 이해하거나 제멋대로 해석하고 기계적으로 적용하는 방식 등은 조심해야 한다. 전체를 아우르는 전략 사슬과 구체적인 정책 매듭을 연결하는 일, 정책의 상위 목표와 하위 목표와의 연관, 정책의 통일성과 특수성 등을 명확히 이해해야 한다. 부분으로 전체를 대신하거나 전체로 부분을 대체해서도 안 되며, 융통성이 원칙을 훼손하거나 원칙이 융통성을 구속해서도 안 된다. 실제 일을 하는 데 있어 '빈말만 늘어놓거나' 복지부동하고 눈앞의 이익과 성공에만 급급해하는 태도는 버려야 한다. 시간은 사람을 기다려주지 않는다는 긴박감과 불철주야로 일한다는 책임감으로 무장해 계획한 목표를 기필코 달성해야 한다.

• 2014년 2월 17일, 전면 개혁심화 세미나에서

출처

말함이 어려운 게 아니라 행함이 어렵다.
고로 현명한 자는 일하면서 효율을 따지지
빈말은 늘어놓지 않는다.
言之非難, 行之爲難, 故賢者處實而效功, 亦非徒陳空文而已.

• 서한(西漢), 환관(桓寬)의 《염철론(鹽鐵論)·비앙(非鞅)》

진(陳): 진술.

기풍은 위에서, 풍속은 아래서 틀을 갖춘다

당 간부가 몸을 낮춰 밑바닥 현장으로 들어가기를 꺼리거나 구태의연한 원칙론만 늘어놓으면서 탁상공론으로 시간을 허비하면 인민과 국가 모두를 그르칠 위험이 있다. 말이 행동으로 옮겨지지 않으면 모든 계획은 물거품이 될 뿐이다.

"기풍은 위에서 이뤄지고 풍속은 아래서 틀을 갖춘다"는 말이 있다. 바람직한 기풍 수립은 지도층에게 달려 있다. 훌륭한 리더가 없으면 아무리 밑그림이 좋아도 실행에 옮기기 어렵고 아무리 성능이 뛰어난 선박일지라도 항로를 이탈하기 쉽다. 당 간부는 인민의 안정된 생활을 위한 밑그림을 그리는 동시에 항로의 조타수가 돼야 한다.

업무 기풍을 개선하는 일은 고급 당 간부부터 솔선수범해야 한다. 몸소 행동하여 도덕 선진화의 사표(師表)가 되는 이미지를 수립하며 접대와 사조직 형성, 선물 주고받기 등 사회 악습에서 탈피해야 한다. 말은 반드시 행하고 남에게 요구하기 전에 자신이 먼저 행동으로 옮기며 남에게 금지한 일은 자신부터 하지 말아야 한다.

문건 작성이나 회의 진행 등에서 생긴 문제는 얼핏 사소해 보이지만 실은 당의 기풍 문제로 발전할 수 있다. 일부 문건은 허위와 과장, 천편일률 등의 구태가 여전하고 일부 간부는 아직도 인민이 이해하기 어려운 관료식 문체를 고집한다. 또 일부 회의가 상명하달 식이거나 졸릴 정도로 지루하게 진행되기도 한다. 이런 문건은 작성되지 않는 게 낫고 이런 회의 또한 열리지 않는 게 낫다. 문건 과잉과 회의 남발의 악습에서 벗어나 그 역량을 인민과의 소통에 집중하는 게 백번 낫다.

검소하다가 사치하기는 쉬우나
다시 검소해지기는 어렵다

업무 기풍을 세우는 일은 반복적으로 진행되어야 한다. 바람직한 업무 기풍은 한 번의 수고로 완성되는 게 아니며 나쁜 업무 기풍 또한 한 번에 일소할 수 있는 게 아니다. 과거의 경험으로 볼 때, 기풍을 바르게 확립하는 것은 그 반작용으로 인해 결코 쉽지 않았다. "검소하다가 사치하기는 쉬우나 다시 검소해지기는 어렵다"는 말이 있다. '당의 군중노선 교육실천 활동'에는 기한이 있지만, 인민을 상대로 그 노선을 관철시키는 일에서는 쉼표가 있을 수 없다. 올바른 기풍을 확립하려는 노력은 꾸준히 계속되어야 한다.

- 2014년 1월 20일, '당의 군중노선 교육실천 활동' 제1기 결산 석상에서

출처

근검절약에서 사치로 나아가긴 쉬우나
사치를 근검절약으로 되돌리기는 어렵다.
由儉入奢易, 由奢入儉難.

- 북송(北宋), 사마광(司馬光)의 《훈검시강(訓儉示康)》

사치는 악 가운데 가장 크다

옛사람들은 일과 생활에서 검약을 강조했다. 《좌전(左傳)》은 "검소함은 모든 덕의 공통점이고 사치는 악 가운데 가장 큰 것"이라고 말했다. 그 이유는 아주 간단하다. 물질적 향유에 빠지다 보면 필연적으로 지조를 잃게 되는 법이며 보다 높은 정신적 경지를 추구하는 게 불가능해지기 때문이다. 따라서 옛 성현은 하나같이 근검절약을 실천하기에 애썼다.

우(禹)는 치수(治水)의 책임을 맡은 이후 세 차례나 집 앞을 지나면서도 단 한 번도 들르지 않았다. 또한 거친 밥을 먹고 야채로 끓인 탕을 마셨다. 제갈공명(諸葛孔明)은 "마음이 담박하면 뜻이 밝아지고 고요하고 평안하면 뜻이 멀리 미친다"며 소박한 생활로 자신의 의지를 담금질했다. 그리고 마침내 "힘이 다해 쓰러질 때까지 충성하고 죽은 뒤에야 그친다"라는 맹세를 기어코 실천에 옮겼다.

반면 일부 옛 통치자들이 권력을 잃고 죽음에까지 이른 것은 대개 끊임없이 향락을 추구한 것과 관련이 있다. 사치스럽고 음란한 생활은 잔혹한 정치와 서로 짝을 이루며 그 악순환은 거듭된다. 하루 종일 여인들에게 둘러싸여 향락을 탐하며 주지육림(酒池肉林)에 빠져 있는데 어떻게 사직과 영토를 염려하고 백성의 고통을 덜수 있겠는가. 그런 악순환이 거듭되면 통치자는 정치에서 멀어지고 마침내 아침 조회까지도 작파하게 된다. 한 국가의 경영이 마치 아이들의 놀이와 다르지 않게 돼버리는 것이다.

중병은 극약으로
치료한다

우리는 부패가 자생하는 토양이 여전히 존재함을 깨달아야 한다. 반(反)부패 관련 정세가 아직도 매우 복잡하고, 일부 그릇된 기풍과 부패 사안은 그 악영향이 날로 심각해져 시급한 해결이 요구되고 있다. 반부패 투쟁은 장기적이고 복잡하며 중요하다는 것을 모든 당원은 깊이 인식해야 한다. '중병은 극약으로 치료하고' 난세는 엄한 법률로 다스려야 한다는 각오를 굳게 해야 한다.

• 2014년 1월 14일, 중앙기율검사위원회 제3차 전체회의 석상에서

출처

몸이 좀 나으면 고기로 몸을 보양하고
맹약으로 중병을 치료해야 한다.
形體漸安, 然後用肉食以補之, 猛藥以治之.

• 원말 명초(元末明初), 나관중(羅貫中)의 《삼국연의(三國演義)》

아(疴): 중병.

호랑이든 파리든 다 때려잡는다

나관중의 《삼국연의》에 제갈공명이 뭇 유생과 설전을 벌이는 대목이 있다. 여기에서 공명이 "고질병에 걸리면 우선 죽부터 먹이고 그다음에 약을 지어 복용시키는 게 순서이다. 오장육부가 조화를 이루기까지 기다렸다가 혈색이 돌아와 좀 나으면 고기로 몸을 보양하고 맹약으로 중병을 다스려야 한다. 병을 근본적으로 치료해야 완전히 회복할 수 있다"고 말한다.

이처럼 중병엔 극약 처방이 답이듯, 현재 시진핑이 천명한 부패에 대한 무관용 원칙은 인민의 환호를 사고 있다. 시진핑의 반부패 바람은 이미 한바탕 시원하게 불어 파리(작은 부패분자)든 호랑이(고위 부패분자)든 가리지 않고 다 때려잡고 있다. 이는 당 간부들에게 크나큰 각성제로 작용하고 있다.

하지만 부패 문제는 여전히 엄중하고 복잡한 게 사실이다. 호랑이는 소수에 불과하지만 파리는 아주 많다는 사실을 잊어서는 곤란하다. 파리를 잡든 호랑이를 포획하든 하루도 빠짐없이 꾸준히 밀고 나가는 게 중요하다. 파리를 잡을 때는 모든 인민이 함께 나서 파리를 잡자고 요구하는 용기가 필요하고, 호랑이 포획에는 당 중앙이 병든 장사의 팔을 잘라내듯이 과감한 결단을 내려야 한다.

반부패 운동이 일시적인 일회성 캠페인에 그쳐서는 안 된다. 부패는 사회 발전 과정에서 장기적으로 수반되는 일종의 병균과 같은 것이기 때문에 한순간의 바람으로 영원히 박멸시킬 수는 없다. 반부패 운동은 차츰 그 강도를 높여야 하며 반부패 시스템도 점차 그 운행을 정비해나가야 한다. 부패라는 고질병은 반드시 극약 처방으로 그 근원부터 치료해야 한다.

난세는 엄한 법률로
다스린다

모든 당원은 "난세에는 엄한 법률로 다스려야 한다"는 각오
를 굳게 해야 한다.

- 2014년 1월 14일, 중앙기율검사위원회 제3차 전체회의 석상에서

출처

난세를 다스림에는 엄한 법률을 써야 한다.

治亂世用重典.

- 원말 명초(元末明初), 주원장(朱元璋)의 《명대고(明大誥)》

전(典): 법전, 법률.

죄가 무거우면 벌도 무겁다

원(元)에서 명(明)으로 넘어가는 시기에 사회가 불안해지고 범죄가 극심해지자 명 태조 주원장(朱元璋)은 이를 난세로 여겼다. 그는 옛 교훈을 따라 '난세는 엄하게 다스릴 수밖에 없다'는 방침을 확정했다. 이어 대명률(大明律)이라는 법률을 만들고 '죄가 무거우면 벌도 무겁다'는 원칙하에 명대고(明大誥)를 시행해 범죄에 무거운 형벌을 가했다. 이로 인해 훗날 "난세를 다스릴 때는 마땅히 엄한 법률을 사용해야 한다"는 표현이 나오게 됐다.

당이 최근 실시하고 있는 군중노선은 당의 사활이 걸린 생명선이자 당에 대대로 전해지는 보물이기도 하다. '군중노선 교육실천 활동'을 통해 많은 당 간부가 스스로 정화하는 능력을 키울 수 있었다. 그러나 반복적으로 일어나는 나쁜 기풍을 방지하기란 어렵다. 그래서 난세에는 형벌이 무거운 법이 필요하다는 옛말을 꼭 명심해야 한다.

시진핑은 현재 형식주의와 관료주의, 향락주의, 사치풍조 등 '4대 악풍(惡風)'을 타파하자고 외친다. 또한 인민의 관심사와, 민생과 관련된 가장 긴박한 문제부터 해결하라고 요구한다. 인민에게 이익이 되는 핵심 문제 해결에 전력을 다하라는 이야기다. 이는 인민이 체감하고 있는 잘못된 풍조부터 고치라는 주문이기도 하다. 4대 악풍은 당과 인민을 망치는 국가의 중병이다. 각급 당 조직과 간부는 엄한 법률로 이 4대 악풍 뿌리 뽑기에 나서야 한다.

뼈를 깎아
독을 치료한다

'뼈를 깎아 독을 치료하고' 독사에 물린 장사의 팔은 잘라낸
다는 용기로, 당의 기풍을 개선하고 청렴 정치를 확립하며 반
부패 투쟁을 끝까지 밀고 나아가야 한다.

• 2014년 1월 14일, 중앙기율검사위원회 제3차 전체회의 석상에서

출처

독화살을 맞아 독이 뼛속까지 침투했다면
팔을 잘라 뼛속의 독을 제거해야 병을 없앨 수 있다.

矢鏃有毒, 毒入于骨, 當破臂作創, 刮骨去毒, 然後此患乃除耳.

• 서진(西晉), 진수(陳壽)의 《삼국지(三國志)·촉지(蜀志)·관우전(關羽傳)》

결단은 제때 내려야 한다

관우는 화살이 난무하는 전장에서 왼쪽 팔뚝에 화살을 맞았다. 그 뒤 상처가 낫긴 했지만 날이 흐리거나 비가 오면 뼈까지 심하게 욱신거렸다. 의사가 말하길 "화살촉에 묻은 독이 뼛속까지 침투했다. 팔을 절개하고 뼛속에 들어간 독을 제거해야만 상처가 근본적으로 치유될 수 있다"고 했다. 그러자 관우는 바로 팔을 뻗어 의사에게 절개하라고 말했다. 그때 마침 관우는 여러 장수를 초청하여 대작하고 있는데, 팔에서 흘러내린 피가 여러 대접에 넘칠 정도였다. 그런데도 관우는 마치 아무 일 없었다는 듯이 웃으며 손님들과 계속 술을 마셨다.

의지가 강한 인물을 잘 묘사한 일화다. 반부패 운동에 임하는 당 간부의 자세가 바로 이러해야 할 것이다. 당은 누구를 대표하는가. 이는 중국 공산당이 해결해야 할 핵심 문제다. 당은 바로 인민의 이익을 대변한다. 만약 인민의 이익이 당의 관심을 받지 못한다면 당과 인민 사이는 차츰 소원해지고, 결국 사회 안정을 해치는 요인으로 작용할 것이다.

이러한 점에서 현재 대부분의 당 간부는 양호하다. 그러나 권력의 집중화 현상과 감독 체계의 미비 등 문제가 있는 것은 사실이다. 일부 당 간부가 금전과 여색의 유혹에 빠져 당의 이념을 배반하고 인민이 위임해준 큰 책임을 저버린 채 인민의 이익으로부터 아주 멀어지는 경우가 발생하고 있다. 그런 지경에까지 이른 당 간부들에겐 뼈를 깎아 독을 치료하는 방식의 수술이 불가피하다. 결단은 제때 내려야 한다. 그렇게 해서라도 고치지 않으면 고질적인 병폐를 뿌리째 뽑기는 어려울 것이다.

독사에 물린 팔은
잘라내야 한다

뼈를 깎아 독을 치료하고 "독사에 물린 장사의 팔은 잘라낸다"는 용기로 당의 기풍 개선과 청렴 정치 확립, 반부패 투쟁을 끝까지 밀고 나아가야 한다.

• 2014년 1월 14일, 중앙기율검사위원회 제3차 전체회의 석상에서

출처

군자는 자신의 결점을 버림으로써 스스로의 재능을 더 높이고
장사는 독사에 물린 팔을 잘라냄으로써 스스로의 목숨을 보전한다.
君子棄瑕以拔才, 將士斷腕以全質.

• 당대(唐代), 두부(竇皐)의《술서부 하(述書賦下)》

하(瑕): 결점.

고름을 뽑아내지 않으면 더 많이 썩는다

당의 '군중노선 교육실천 활동' 중에서 불합격한 당원을 처벌하는 것은 최종 목적이 아니다. 군중노선 교육은 단지 당원의 소양을 높이기 위한 수단이다. 수단이므로 필요한 것과 불필요한 것을 구별해야 한다. 공자는 "관대함으로 사나움을 다스리고 사나움으로 관대함을 다스리는 것이니 정치는 이렇게 조화를 이루는 것(寬以濟猛 猛以濟寬 政是以和)"이라고 말했다. 사회와 시대의 요구에 맞춰 처벌의 수위 또한 조절해야 한다.

현재 중국은 외적으로 처한 중대한 상황과 국내의 여러 환경이 모두 큰 변화를 겪고 있다. 이는 인민의 행복에 대한 거대한 도전으로 우리 당에게 모종의 결단을 요구하고 있다.

이처럼 중요한 시기에는 당의 순결성과 선진성, 그리고 당이 인민보다 한발 앞서 국가를 염려하는 자세가 필요하다. 그러나 일부 간부는 이 같은 시대의 흐름을 제대로 읽지 못하고 당의 발전을 저해하는 걸림돌로 작용하고 있다. 따라서 당은 이를 제거해야만 건강하게 발전하고 국가의 운명을 개척해나갈 수 있다.

장사라면 독사한테 물린 팔을 잘라내는 용기를 갖춰야 하듯이 정당 또한 마찬가지다. 만약 고름을 뽑아내지 않고 썩은 부위를 도려내지 않는다면 몸의 더 많은 부분이 썩게 될 것이다. 자신의 몸을 스스로 수술하기는 쉽지 않다. 그러나 일단 수술을 선택하고 나면 비록 당장은 힘들겠지만 그 혜택은 오래 지속될 것이다. 불합격한 당원을 추방해야만 우수한 자질을 가진 새 당원을 더 많이 흡수할 수 있다.

종기를 방치하면
후환이 된다

당의 장기 집권에 따른 부패를 방지하는 것은 우리 당이 해결해야 할 정치적 과제다. 반부패에 대한 강경한 입장은 계속 유지되어야 하며, 무관용의 원칙에 따른 처벌도 견지되어야 한다. 부패의 잘못을 저질렀다면 한 명이라도 확실히 처벌해야 한다. 부패 문제는 조기에 발견해야 한다. 즉, 바늘 도둑일 때 찾아내야 한다. 또 병을 발견하면 바로 치료해야 하듯 문제를 발견하면 바로 처리에 들어가야 한다. '악성 종기를 제때 치료하지 않고 방치해 후환을 남겨서는' 안 된다.

• 2014년 1월 14일, 중앙기율검사위원회 제3차 전체회의 석상에서

출처

악성 종기를 치료하지 않고 방치하면
스스로 화근을 부르는 것에 다름 아니다.

養癰長疽, 自生禍殃.

• 남북조(南北朝), 범엽(范曄)의 《후한서(後漢書)·풍연전(馮衍傳)》 중에서 풍연의 《여부제임무달서(與婦弟任武達書)》에 대한 이현(李賢)의 해제

바늘 도둑은 조기에 때려잡아야 한다

당의 업무 기풍을 확립하고 개선하는 문제의 핵심은 당이 과연 인민과의 혈육 관계를 유지할 수 있느냐 여부에 달려 있다. "민심을 얻는 자가 천하를 얻는다"는 말이 있다. 정권의 획득과 상실은 모두 인민의 지지 여부와 직결된다. 인민의 지지를 상실하면 당의 활동은 그 근거를 잃게 된다. 따라서 당이 장기 집권하기 위해서는 반드시 인민과 밀접한 관계를 맺고 이를 잘 유지해 나아가야 한다.

어떠한 고난의 시기와 어려운 상황에 처해서도 인민과 함께 호흡해야 하며, 인민과 운명 공동체라는 사실을 잊어서는 안 된다. 현재 일부 지역의 몇몇 부서나 일부 당 간부 가운데 아직도 잘못된 풍조가 존재하며, 부패 현상 또한 심각한 것으로 알려지고 있다. 비판과 자아비판이라는 바람직한 업무 기풍이 사라지면, 이는 필연적으로 악성 종기를 조기에 치료하지 않고 방치해 후환을 낳게 되는 결과를 초래할 것이다.

따라서 비판과 자아비판이라는 당의 우량한 기풍을 적극적으로 시행해야 한다. 이것은 진리를 굳게 지녀 착오를 수정하는 사상 투쟁이다. 과거의 잘못을 교훈 삼아 악행은 조기에 발견하고 악인은 바늘 도둑일 때 때려잡아야 하며 그 모습을 드러내자마자 제거해야 한다. 그렇게 해야 각종 정치적 악행과 썩어빠진 사고가 당에 침투하는 것을 막을 수 있다. 뿌리 깊은 악창을 조기에 치료하지 않고 방치하면 훗날 화근을 자초하게 된다. 악인이나 악행을 적당히 눈감아주거나 비호하면 결국에 환난을 초래한다는 것은 역사가 우리에게 일러주는 교훈이다.

손을 뻗지 마라,
손을 뻗으면 잡힌다

모든 간부는 '손을 뻗지 마라, 손을 뻗으면 반드시 붙잡힐 것'
이라는 이치를 기억해야 한다. "선(善)을 보거든 미치지 못할
까 마음을 쓰고, 악(惡)을 만나면 뜨거운 물을 만진 것처럼 멀
리해야 한다"는 옛 성현의 말씀도 있다. 당 간부라면 경외하
는 마음 자세가 필요하다. 요행을 바라서는 안 된다.

• 2014년 1월 14일, 중앙기율검사위원회 제3차 전체회의 석상에서

출처

손을 뻗지 마라, 손을 뻗으면 반드시 붙잡힌다.

당과 인민이 감독하니 세상의 눈을 피할 수는 없다.

手莫伸, 伸手必被捉. 黨和人民在監督, 萬目睽睽難逃脫.

• 중화인민공화국 천이(陳毅) 장군의 《칠언고시(七古) · 수막신(手莫伸)》

자신의 손을 잘 관리하라

당 간부는 무엇보다 사심을 버리고 공적인 것을 우선해야 한다. 공사를 분명히 구별해 공적인 것을 사적인 것의 앞에 두어야 한다. 즉, 공적인 이익을 위해 개인의 이익을 희생해야 하며 모든 일에서 공적인 가치를 우선해야 한다. 그래야만 공평한 인사, 신중한 권한 행사, 공명정대하고 정정당당한 업무 처리 등이 가능해진다.

이는 공금이나 공권력과도 관련성을 갖는다. 공금은 공적인 것이므로 아주 작은 돈이라도 헛되이 낭비하면 안 된다. 또 공권력은 인민을 위한 것이어야 하므로 사사로이 행사하면 곤란하다. 당 간부들은 매 순간 이를 철저히 기억해 공사 분별, 멸사봉공, 엄격한 자기 관리에 힘써야 한다.

또한 손을 뻗지 말라는 천이(陳毅) 원수(元帥)의 교훈을 명심해야 한다. 이 평범하면서도 심오한 말속에는 매우 풍부한 인생철학이 들어 있다. 이 교훈은 우리에게 사리사욕에 빠질 경우의 위험에 대해, 또 어떻게 바른 인생관과 가치관을 수립할 것인가에 대해 많은 것을 일깨워준다. 물론 사람이라면 모두 사심이 있게 마련이다. 따라서 개인의 정당한 이익 추구는 비난 대상이 아니다.

그러나 "군자도 재물을 좋아하지만 그것을 취하고자 하는 경우 도리를 살펴야 한다"는 말을 되새길 필요가 있다. 따라서 당 간부라면 마땅히 다음을 기억해야 한다. 재물을 취하는 경우 그것이 반드시 적법해야 하고 성실한 노동의 대가여야 하며 다른 사람이나 국가의 이익에 손해를 끼쳐서는 안 된다.

악을 만나면 뜨거운 물을
만진 듯 멀리하라

"선을 보거든 미치지 못할까 마음 쓰고 악을 만나면 뜨거운 물을 만진 것처럼 멀리해야 한다"는 옛 성현의 말씀도 있다. 당 간부라면 경외하는 마음 자세가 필요하다. 요행을 바라서는 안 된다.

• 2014년 1월 14일, 중앙기율검사위원회 제3차 전체회의 석상에서

출처

선을 보면 뒤처지지 않을까 마음을 쓰고
악을 만나면 뜨거운 물에 덴 것처럼 손을 거두어라.

見善如不及, 見不善如探湯.

• 춘추시대(春秋時代), 공자(孔子)의 《논어(論語)·계씨 편(季氏篇)》

경외심을 갖고 요행을 바라지 마라

당 간부는 당의 기풍을 양호하게 확립하는 게 바로 부패 근절의 방책이라는 점을 깊이 깨달아야 한다. 또 정확한 이론이 구현하는 진리의 힘과 양호한 기풍이 체현하는 인격의 힘, 이 두 힘을 잘 운용해야 한다. 아래가 아닌 위에서부터 솔선수범하는 방법과 정기(正氣)를 받들어 사기(邪氣)를 물리치는 방법, 이 두 방법을 잘 채택해 활용해야 한다. 기풍 분야의 문제점이 해소되어야 부패가 자생하는 온상을 제거할 수 있으며, 당과 인민의 올바른 관계를 수립할 수 있다.

저열한 기풍과 부패가 당 조직의 건강을 심각하게 해친다는 점을 명심하고, 이 같은 문제에는 극약 처방과 강력한 타격이 필요하다는 점을 분명히 인식해야 한다. 난세는 엄한 법으로 다스리고 뼈를 깎아 독을 치료한다는 각오로 부패 세력을 두려움에 떨게 해야 한다.

기풍이란 것이 긴장감을 불어 넣으면 건강해지고, 긴장감이 사라지면 다시 허물어진다는 점을 깨닫고, 늘 긴장감을 유지할 수 있도록 노력해야 한다. 부패 문제는 경건하고 두려워하는 마음으로 처리해야 하지 혹시라도 요행을 바라서는 안 된다. 눈앞의 성과에만 급급해하지 않고, 하나하나 차근차근 문제점을 해결하겠다는 자세와 오랜 낙숫물이 바위를 뚫는다는 인내심을 갖고 반부패 운동을 펼쳐나가야 제대로 된 효과를 거둘 수 있다.

공정하면 깨끗해지고
청렴하면 권위가 생긴다

정법(政法) 기관은 당과 인민이 부여한 영광스러운 사명을 완수하고 엄격하게 법을 집행하며 공정하게 사법 업무를 수행해야 한다. "공정함에서 밝음이 생기고 청렴함에서 권위가 나온다"는 말이 있다. 정법 기관은 정법 간부와 경찰을 대상으로 직업윤리에 입각한 자기 정화 교육을 게을리해서는 안 된다. 또 인민이 싫어하는 일에는 무관용 원칙을 적용하고, 인민이 시급히 필요로 하는 일에는 부지런히 대처해야 한다. 악을 징벌하고 선을 장려하며 태산처럼 군건하게 법을 집행하는 기풍을 확립해야 한다.

• 2014년 1월 7일, 중앙정법공작회의 석상에서

출처

관리들은 나의 권위를 무서워하지 않고
오히려 나의 청렴함을 두려워한다.
백성은 나의 재능에 승복하는 것이 아니라
오히려 나의 공정함을 믿고 따른다.
내가 청렴하면 관리는 감히 태만하지 못하고
내가 공정하면 백성은 감히 속이지 못한다.
공정함에서 밝음이 생기고 청렴함에서 권위가 나온다.

吏不畏吾嚴而畏吾廉, 民不服吾能而服吾公;

廉則吏不敢慢, 公則民不敢欺; 公生明, 廉生威.

• 명대(明代), 곽윤례(郭允禮)의《관잠(官箴)》

만(慢): 태만.

생선을 받지 않으면 평생 생선을 먹을 수 있다

관료는 권위가 있어야 한다. 그 권위는 어디에서 나올까? "지극히 청렴하면 위엄이 있다(至廉而威)"라는 말이 《춘추(春秋)·번록(繁錄)·오행상생(五行相生) 편》에 실려 있다. 이 말은 공정함과 청렴함, 명백함을 견지해야 권위나 신망을 얻을 수 있고, 사람들의 지지를 받을 수 있음을 의미한다. 당 간부로서 청렴함을 염두에 두면 위엄은 저절로 생긴다. 인민의 눈은 매우 날카로워 누가 공정하고 누가 사적인 이익을 추구하는지, 또 누가 청렴하고 누가 부패한지를 잘 안다.

동서고금을 막론하고 사적인 이익을 탐하다 스러진 반면교사(反面教師)는 무수히 많다. 한(漢)나라 유향(劉向)이 말했다. "생선을 받으면 직업을 잃게 되어 더는 생선을 먹을 수 없다. 그러나 생선을 뇌물로 받지 않으면 평생 먹을 수 있다." 이 이야기는 권력을 쥐고 있는 사람이라면 왜 청렴결백해야 하는지 그 이치를 아주 쉽게 말해주고 있다. 줄은 취약한 곳부터 끊어지고 관리는 부패로부터 넘어지는 법이다.

당 간부는 비판을 겸손하게 받아들여야 한다. 순순히 다른 사람의 간언을 따르고, 자신의 잘못이나 결점을 지적해주면 기뻐하며, 결점이 있으면 고치려고 노력해야 한다. 역사가 어떻게 흘러가든, 또 시대가 어떻게 바뀌든 청렴결백은 여전히 시대의 요청이자 인민의 영원한 바람이다. 자신의 명성은 자신만이 만들 수 있다. 청렴결백과 자정(自淨)의 노력을 끝까지 견지하자.

부족함을 걱정하지 말고 고르지 않음을 걱정하라

시대마다 나름대로 문제가 있다. 수준 높은 사회로 발전하는 시기에는 그 사회로 만드는 데 따르는 문제가 존재한다. 더구나 낮은 수준의 사회를 발전시킬 때에는 그에 따른 문제가 당연히 있다. 따라서 '파이'를 키우는 동시에 그것을 골고루 잘 분배해야 한다. 예부터 "부족함을 걱정하지 말고 고르지 않음을 걱정하라"는 말이 있다. 우리는 부단히 발전해야 하는 데 목표를 두되, 동시에 공정한 사회 정의 구현에도 힘써야 한다. 배우려는 사람에겐 교육 받을 기회를 주고, 일한 만큼 소득을 얻게 하며, 병나면 치료받을 수 있게 하고, 나이가 들면 부양받을 수 있도록 하며, 인민 모두가 거주할 수 있는 집을 가지도록 꾸준히 노력해야 한다.

• 2013년 12월 31일, 전국정치협상회의 신년 다과회에서

출처

부족함을 걱정하지 말고 고르지 않음을 걱정하라.
가난함을 걱정하지 말고 불안함을 걱정하라.
不患寡而患不均, 不患貧而患不安.

• 춘추시대, 공자의 《논어(論語) · 계씨 편(季氏篇)》

균(均): 각자 자신의 몫을 받다.
안(安): 위아래가 함께 편안하다.

권력은 양지에서 움직여야 한다

'부족함보다는 고르지 않음을 걱정하라'는 공자의 말은 비록 부정적인 측면도 있지만 현대 사회에 어울리는 측면도 있다. 현대 사회의 안정 역시 일정한 균형에 의해 유지되어야 하기 때문이다. 주희(朱熹)는 '고르다'는 균(均)의 의미에 대해 각자 자신이 받아야 하는 몫을 받는 것을 뜻한다고 말했다. 마땅히 받아야 할 것을 받지 못하는 사회는 이미 정의가 무너진 것으로 붕괴나 분열될 위험이 존재한다.

정의 사회를 구현하기 위해 당 간부는 우선 부여 받은 권력을 남용하지 않는 게 중요하다. 아울러 권력은 인민을 위해 봉사하는 데 쓰이는 것이고, 인민의 문제를 해결하며 인민의 이익을 도모하는 데 사용되는 것이란 점을 분명히 기억해야 한다.

또한 권력을 행사할 때는 공정함을 견지해야 한다. 공정함을 지키기 위해서는 세 가지가 필요하다.

첫 번째로 공개가 요구된다. 당 간부는 개인의 사상 및 활동을 적극 공개하고 언론 및 인민의 감시를 받아들여서 권력이 양지에서 움직이도록 해야 한다.

두 번째는 공정을 지키는 것이다. 개인의 득실을 따지지 않고 인민의 이익을 생각해야 공정하게 업무를 처리할 수 있으며 분명하게 시비(是非)를 구분할 수 있다.

세 번째는 공평해야 한다는 점이다. 이는 권력을 사용함에 있어서 원칙을 지키며 어느 한 편에 치우치지 않아야 한다는 것이다. 개인이든 단체든 인민 사이에 이익의 균형점을 제대로 찾을 때 조화로운 사회 구축이 가능하다.

과거의 경험을 잊지 않으면
훗날 귀감으로 삼을 수 있다

"과거의 경험을 잊지 않으면 훗날 귀감으로 삼을 수 있다." 하나의 마르크스주의 정당이 자기 오류를 어떻게 다루는가의 태도는 그 당이 인민에 대한 책임을 진정으로 수행하고 있는가를 평가하는 데 가장 중요한 점이고, 이것은 또 믿을 만한 기준 가운데 하나다. 우리 당은 우리 스스로 범한 실수와 오류에 대해 진지한 태도를 취해왔다. 첫째 용감하게 인정하고, 둘째 정확하게 분석하며, 셋째 철저하게 수정함으로써 그런 실수와 오류가 당의 귀중한 역사 교재가 될 수 있도록 했다.

• 2013년 12월 26일, 마오쩌둥(毛澤東) 탄생 120주년 기념 좌담회에서

출처
과거의 경험을 잊지 않으면
먼 훗날의 귀감으로 삼을 수 있다.
前事不忘, 後事之師.
• 서한(西漢), 유향(劉向)이 편찬한 《전국책(戰國策)·조책 1(趙策一)》

사(師): 거울로 삼다.

왜 관료가 됐는가

당 간부 가운데 '정치의 근본 취지가 인민을 위해 봉사하는 것'이라고 말하지 않는 사람은 없다. 그런데 왜 그렇게 많은 당 간부가 인민에게 버림받는 신세가 되었고, 지금도 여전히 인민과는 반대편으로 걸어가고 있을까?

이들이 당 규율과 국가 법률의 위엄을 몰랐을까? 그렇지 않다. 그렇다면 우리가 사상 교육을 제대로 하지 못했나? 그렇다고 보기도 어렵다. 감시가 제대로 이루어지지 못했나? 이 역시 아니다. 지난 몇 년간 당은 기풍 확립과 반부패 운동을 더욱 중시해왔다. 그런데도 당 간부들의 부패 행태는 여전히 통제하기 어렵고 그들의 법규 위반 사건은 끊이지 않는다.

일부 사건은 죄질이 아주 무겁다. 부서 전체가 연루된 사건이 터지는가 하면, 직권을 이용해 치부(致富)하면서 인민의 이익을 크게 해치는 일이 빈발한다. 문제는 도대체 어디에 있을까? 당 간부의 이상과 신념에 중대한 결함이 생긴 것이다. 이 문제는 근본적이고 전체적이며 장기적인 특성을 가지고 있어서, 흔히 말하는 '메인 스위치' 역할을 한다. 그래서 여기에 문제가 생기면 조만간 사단이 나기 마련이다.

따라서 반부패 운동을 추진하면서 가장 우선적이고 중요한 것은 당 간부들에게 '왜 관료가 되었는가'라는 문제에 대한 인식을 새롭게 각인시켜야 한다는 점이다. 이 인생관과 가치관, 세계관의 메인 스위치를 바로잡아주면 나머지 문제는 저절로 해결될 것이다. 당 간부는 당과 인민이 부여한 책임을 태산보다 무겁게 느끼며 자신이 맡은 사명을 욕되게 하지 말아야 한다.

정치는 민심에 순응하면 성공하고 이를 거스르면 실패한다

"정치의 성공은 민심을 따르는 데 있고 정치의 실패는 민심을 거스르는 데 있다"는 말이 있다. 전심전력으로 인민을 위해 봉사한다는 것은 우리 당의 출발점이자 도착점이고, 우리 당이 다른 정당과 구별되는 근본적 표지다. 당의 업무는 인민의 근본 이익을 최고 기준으로 삼아야 한다. 당의 업무가 효과적이었는가를 점검할 때는 인민이 실질적으로 혜택을 누렸는지, 인민의 생활이 정말 개선됐는지, 인민의 권익이 제대로 보장받았는지 등을 최종적으로 따져봐야 한다.

• 2013년 12월 26일, 마오쩌둥 탄생 120주년 기념 좌담회에서

출처

정치의 성공은 민심을 따르는 데 있고
정치의 실패는 민심을 거스르는 데 있다.

政之所興在順民心, 政之所廢在逆民心.

• 춘추시대(春秋時代), 관중(管仲)의 《관자(管子)·사순(四順)》

폐(廢): 폐기하다.

인민이 주인이다

당 간부라면 자신과 인민 사이의 위치를 수시로 바로잡아야 한다. 사상 및 감정적으로 인민과 가까이 지내고 인민에게 다가가며, 인민을 주인이나 가족 또는 스승으로 여겨야 한다. 지위가 높을수록 말단 현장을 찾아 인민의 삶 속으로 깊숙이 들어가야 한다. 그렇게 하여 인민의 실정(實情)을 알아내고 고통을 살피며 지혜를 끌어모아 인민과 한마음이 되어야 한다.

인민을 생각하고 인민에게 봉사하기 위해서는, 당 간부들은 실무에서 인민 속으로부터 나오고 인민 속으로 돌아간다는 원칙을 견지해야 한다. 민생 문제 해결을 업무의 최우선 순위에 두어야 한다. 인민이 가장 민감하게 비판하고 현저하게 부각된 문제부터 최대한의 역량을 쏟아 먼저 해결해야 한다. 특히 인민이 실질적인 이익을 누리고 개혁과 발전의 성과를 공유할 수 있도록 노력해야 한다.

책임감이 있고 이성적인 정부가 인민을 더욱 쉽게 이성적으로 만들 수 있다. 당 간부가 민심을 경청하고 존중하는지의 여부는 인민 마음속에 정부 이미지가 어떻게 심어질지 직접적인 영향을 준다. 또 정책 집행의 방향도 결정해주기 때문에 그 효용은 헤아릴 수 없이 크다고 할 수 있다.

만약 민심을 소홀히 다루면 당과 인민의 관계, 간부와 인민의 관계가 멀어지며 공적인 의사결정이 인민의 뜻에서 벗어날 가능성이 있어서 전체 사회의 안정을 위협할 수 있다. 우리 당의 토대와 혈통 및 역량은 인민에게서 나온다. 만약 당 간부가 인민과 공동 운명체적 관계를 유지할 수 있다면, 우리 당은 그 어떤 조건에서도 실패를 맛보지 않을 것이다.

정책의 실패 여부는
인민이 잘 안다

군중노선을 견지하기 위해서는 인민이 우리의 업무를 평가하도록 해야 한다. "정책의 실패 여부는 인민이 가장 잘 안다"는 말이 있다. 모든 정당의 미래와 운명은 민심의 향배에 달려 있다. '민심이 바로 힘'이라는 말도 있다. 우리 당원 수가 많다고는 하지만 인민의 수에 비하면 여전히 소수다. 우리 당의 집권 성과는 우리가 결정하는 게 아니다. 오직 인민에 의해 평가되어야 한다. 만약 우리 스스로 자화자찬하다가 인민에게서 멀어지거나 인민의 위에 군림하려 한다면 반드시 인민에게 버림받을 것이다. 세상의 모든 정당이 예외 없이 그랬다. 이는 역사 발전의 철칙이고 동서고금을 막론하고 예외가 없다.

- 2013년 12월 26일, 마오쩌둥 탄생 120주년 기념 좌담회에서

출처

정책이 실패했는지는 초야에 있는 사람이 잘 안다.

知政失者在草野.

- 동한(東漢), 왕충(王充)의 《논형(論衡)》

초야(草野): 민간.

태산은 한 줌 흙도 마다하지 않는다

"태산이 높은 것은 한 줌 흙도 마다하지 않고 받아들였기 때문에 그렇게 커질 수 있었다"는 말이 있다. 당 간부는 낮은 자세로 인민의 지적을 경청하고 밝은 미래에 대한 인식의 지평을 열어야 한다. 언로(言路)를 활짝 열고 민의(民意)를 폭넓게 받아들여 말단 현장의 실제 상황을 잘 파악해야 인민을 위한 맞춤형 정책 수립이 가능하다. 인민에게서 배우지 않고 인민의 의지를 존중하지 않으면, 마치 물과 뿌리가 없는 나무와 같이 되어 형식주의와 관료주의에 빠지고 독단적이 된다.

말단 현장은 인민에게 봉사하는 최전선이다. 당 간부가 말단 현장에 있어야 인민의 맥박을 느낄 수 있고 그들의 마음에 다가설 수 있다. 당 간부는 자신을 인민의 일원으로 간주해야 한다. 인민의 지혜를 겸손하게 결집하고, 인민이 의문을 가질 경우 인내심으로 이를 해소시키며, 인민이 우려하는 바는 따뜻하게 풀어야 한다. 업무 처리 기준은 '인민 생활에 실질적인 혜택이 돌아가느냐'에 두어야 한다. 곧 인민의 이익을 언제나 가장 앞에 두고 처리해야 한다. '누군가를 이끈다'는 것에는 책임과 공헌과 의무의 뜻도 담겨 있다. 이 뜻은 우리 당이 추구하는 근본이다.

인민에 대한 봉사에 있어서도 인민의 만족도를 성과 측정의 근본 기준으로 삼아야 한다. '정책의 실패 여부는 인민이 가장 잘 알기' 때문이다. 사상과 감정 측면에서 인민에게 가까이 다가가 인민이 가장 민감하게 생각하는 문제를 푸는 데 최대한의 역량을 기울일 필요가 있다. 공복(公僕) 의식을 구체적으로 실천할 때 당 간부는 이름을 떨칠 수 있다.

걱정하면 살고
안주하면 죽는다

중국의 위대한 부흥을 실현하는 핵심 역량은 우리 당이다. "우리는 절대 실패한 농민 반란군 이자성(李自成)처럼 되지 않아야 한다"는 마오쩌둥의 경고를 우리 당은 똑똑히 인식해야 한다. 겸허함과 근면함이라는 마오쩌둥의 '반드시 해야 할 두 가지'도 명심해야 한다. 뿐만 아니라 "어려운 상황은 사람을 분발하게 하지만 안락한 환경에 처하면 쉽게 죽음에 이른다"는 옛말을 잊어서는 안 된다.

• 2013년 12월 26일, 마오쩌둥 탄생 120주년 기념 좌담회에서

출처

어려운 상황은 사람을 분발하게 하지만
안락한 환경에 처하면 쉽게 죽음에 이른다.
生于憂患, 死于安樂.

• 전국시대(戰國時代), 맹자(孟子)의《맹자·고자 하(告子下)》

우(憂): 우려.
환(患): 재앙.

편안할 때 위기에 대비하라

우려와 재앙은 사람이나 국가를 발전시킨다. 그러나 안일(安逸)과 향락은 사람이나 국가를 망하게 한다. 중국의 역사를 보면 각 왕조의 마지막 왕은 대부분 안락한 환경에 취해 멸망 위기의 가능성을 망각하고 타락한 생활을 영위했다.

진(秦)나라 왕 영정(嬴政)은 중국을 통일한 뒤 진시황(秦始皇)이란 호를 자신에게 부여하며 그 제왕의 지위가 자손 대대로 이어지기를 꿈꿨다. 그러나 2대 황제인 호해(胡亥)는 안락에 빠져 우둔하기 짝이 없었고, 사람들로부터 신뢰를 잃어 '천 년 만에 모처럼 출현한 황제' 집안은 하루아침에 무너지고 말았다.

당태종 이세민이 '정관(貞觀)의 치(治)'라는 업적을 이룬 것은 "편안할 때 위험을 잊지 않고 다스릴 때 혼란을 잊지 않는다. 오늘의 무사함을 알지만 반드시 그 처음과 끝을 생각한다"는 그의 위기의식과 무관하지 않았다. 그는 항상 "천하의 태평함에 안심하지 않고 매일 위기와 멸망을 상기해 경계로 삼는다"고 자신을 깨우쳤다.

손중산(孫中山) 선생은 열다섯 살까지 신발이 없었고, 유명 동화작가인 안데르센은 어린 시절 관 짜는 목재를 침대로 사용했다. 또 대작가 조설근(曹雪芹)은 한겨울을 시큼한 배추절임으로 나고 눈 내리는 밤에도 낡고 허름한 담요를 둘렀을 뿐이다. 개인의 경우도 그렇지만 정권도 마찬가지다. 정강산(井岡山)에서의 고난의 투쟁은 중국 공산당을 더욱 성숙하게 만들었고, 중국 혁명의 불씨를 점화해 요원의 불길처럼 번지게 했다.

흥함도 망함도
갑작스레 닥친다

'흥함도 갑작스레 닥치고 망함도 갑작스레 닥치는'게 세상 이치다. 우리 당은 스스로 잘 관리하고 엄격하게 다스려야 한다. 자기 정화와 자기 개선, 자기 혁신, 자기 발전의 능력을 강화해야 한다.

• 2013년 12월 26일, 마오쩌둥 탄생 120주년 기념 좌담회에서

출처

우와 탕은 자신을 탓했기에 급속하게 흥했고,
걸과 주는 남을 탓했기에 급속히 망하고 말았다.
禹湯罪己, 其興也悖焉, 桀紂罪人, 其亡也忽焉.

• 춘추시대(春秋時代), 좌구명(左丘明)의《좌전(左傳)·장공 11년(莊公十一年)》

패(悖): 부쩍 성하다.

천자가 우둔하면 백성이 피해를 입는다

역대 왕조의 흥망성쇠를 자세히 들여다보면 놀랍게도 그 번영과 쇠망의 과정이 매우 유사한 궤적을 그리고 있다. 한마디로 전체주의 시스템이며 황제에게 권력이 고도로 집중된 고대 사회에서 일국의 흥망은 한 개인과 매우 밀접한 관계를 가지고 있었다. 이 사람은 바로 왕조의 최고 권력자인 천자(天子), 즉 우리가 흔히 국왕이나 황제라 부르는 이다.

'하늘 아래 왕의 땅이 아닌 데가 없고, 그 땅의 끝까지 왕의 신하 아닌 사람이 없다'는 사상이 횡행한 과거 봉건시대에서는 천자가 사회의 재화에 대해 최상층의 지배권을 갖고 자신의 신하와 백성에 대해 절대적인 통제권을 휘둘렀다. 따라서 천하의 백성 모두는 천자의 현명함을 치세의 기준으로 삼고 살았다. 즉, 천자가 현명하면 백성들이 행복을 누리고, 천자가 우둔하면 백성들이 피해를 입었던 것이다.

중국 공산당은 집권당으로서 인민의 진정한 사랑과 지지를 획득하고, 당 전체의 의지를 하나로 통일시키며, 인민의 역량을 한곳으로 응집시켜야만 새로운 발전 단계로 나아갈 수 있다. 우리는 당의 이념을 당원의 영혼에 융합시켜 당원이 사적인 욕망에 사로잡히지 않은 채 인민을 위해 봉사한다는 옳은 신념을 견지하도록 이끌어야 한다. 당원은 흔들리지 않는 군건한 정치적 신념을 갖고 인민 속에서 나와 인민 속으로 들어간다는 군중노선을 견지해야 한다. 이 군중노선은 시대에 낙후되지도 않았고 낙후될 수도 없음을 명심해야 한다.

백성의 옷을 입고 백성의 밥을 먹는데 어떻게 백성을 속이겠는가

"백성의 옷을 입고 백성의 밥을 먹는데 어떻게 백성을 속일 수 있나. 자신 또한 백성이다. 관직을 얻는 게 영광스러운 일이 아니고 관직을 잃는 것도 굴욕적인 일이 아니다. 관직이 쓸모없다고 말하지 마라. 한 지방은 전적으로 한 관리에 의해 좌우된다(穿百姓之衣 吃百姓之飯 莫以百姓可欺 自己也是百姓. 得一官不榮 失一官不辱 勿道一官無用 地方全靠一官)"는 대련(對聯) 글귀는 아주 쉬운 말로 관료와 인민의 관계를 밝혀준다. 봉건시대 관리들이 이미 이런 인식을 갖고 있었으니 오늘날 우리 당원들의 각오는 이보다 더 높아야 한다.

• 2013년 11월 26일, 산둥성(山東省) 허쩌(荷澤)에서 열린 한 좌담회에서

출처
백성의 옷을 입고 백성의 밥을 먹는데
어떻게 백성을 속일 수 있나.
자기 또한 백성이다.
穿百姓之衣, 吃百姓之飯, 莫以百姓可欺, 自己也是百姓.
• 청대(清代) 강희(康熙) 연간, 고이영(高以永) 지음

영(榮): 영광.
욕(辱): 굴욕.

관직이 쓸모없다 말하지 마라

시진핑이 인용한 이 대련은 청나라 강희 연간에 내향현(內鄕縣)의 고이영(高以永)이 지은 것으로 고증되었다. 대련의 앞 구절은 관리도 백성 가운데 하나이기 때문에 관리자로서의 관료주의를 포기하고 백성의 입장에 서서 그들의 복지를 도모하기 위해 노력해야 함을 말하고 있다. 다음 구절은 관리들에게 자신의 영욕과 득실을 너무 따지지 말라고 경고한다. 민생은 전부 각 지방 관리에 의해 좌우되기 때문에 관리는 백성의 이익을 위해 많은 배려를 해야 함을 강조한 것이다.

이 대련의 핵심은 앞 구절의 '어떻게 백성을 속일 수 있나'와 뒤 구절의 '관직이 쓸모없다고 말하지 마라'이다. 앞 구절은 백성을 하늘로 모시고 자신을 사랑하는 것처럼 대해야 함을 말한다. 이러한 자각을 토대로 백성과의 평등함을 추구하면서 백성의 이익을 위해 노력하는 민본사상은 대단한 것이다. 뒤 구절은 관본위(官本位)라는 개념을 약화시킨 채 지방의 복지를 증진시키는 데 전력을 다해야 할 것임을 역설하고 있다.

이 대련은 소박한 말로 이루어졌지만 깊은 감명을 주기에 충분하다. 앞 구절은 네 번이나 백성을 언급하면서 백성에게 포커스를 맞춘 것으로 자신을 백성의 일부로 간주해 백성을 잘 대접하는 것이 자기를 잘 대접하는 것과 같음을 의미한다. 뒤 구절 역시 네 번에 걸쳐 관리를 언급함으로써 관리에 초점을 맞추고 있다. '한 지역에 관리로 부임하면 그 지역의 복지를 증진시켜야 한다.' 이 말은 단순히 하나의 구호가 아니다. 당 간부라면 고생은 인민보다 먼저 하고, 누리는 일은 인민보다 나중에 해야 한다.

나라는 덕이 없으면
흥할 수 없다

"나라는 덕이 없으면 흥할 수 없고, 사람은 덕이 없으면 설 수 없다." 따라서 우리는 전 사회의 사상과 도덕을 강화하고, 인민이 선량한 도덕심을 갖출 수 있도록 고무해야 하며, 올바른 도덕적 판단과 도덕적 책임감을 갖도록 육성해야 한다. 특히 도덕 실천 능력을 키워 인민이 도덕을 앞장서 지키는 생활을 추구하도록 인도해야 한다. 중화민족이 아름답고 숭고한 도덕 경지를 추구할 수만 있다면 무궁한 희망이 있을 것이다.

• 2013년 11월 26일, 산둥성 취푸(曲阜)를 시찰한 자리에서

출처
나라는 덕이 없으면 흥할 수 없고
사람은 덕이 없으면 바로 설 수 없다
國無德不興, 人無德不立.

• 춘추전국시대(春秋戰國時代), 공맹(孔孟)의 유가(儒家) 학설에서

덕(德): 도덕.

명분은 덕이 깃드는 곳이다

예부터 현자들은 사회의 도덕을 강화시키려면 교육에서 시작해야 한다는 점을 강조해왔다. 맹자는 일찍이 "정치를 잘하는 것보다 교육을 잘하는 게 더 민심을 얻을 수 있다"고 주장하기도 했다. 그렇다면 어떻게 교육을 잘할 것인가.

글로벌화가 빠르게 진행되는 오늘날 중국의 주류 가치관과 도덕규범은 거센 도전에 직면해 있다. 그렇다고 시장경제의 발전이 중국 사회도덕의 희생을 대가로 삼아선 안 될 것이다. 현재 중국 사회가 맞닥뜨린 도전은 주로 도덕의 부족과 왜곡에 있다. 사회주의의 핵심 가치체계에 도덕 교육의 주제도 포함돼 있는데 그 긍정적인 면이 배척당하고 있다.

그렇다면 문제의 원인은 어디에 있나. 공자는 말하길 "유치하구나, 유야. 군자는 자신이 모르는 것에 대해서는 의견을 보류하는 법이다. 명분이 바르지 않으면 말이 순조롭지 않고 말이 순조롭지 않으면 일이 이루어지지 않는다. 일이 이루어지지 않으면 예악이 일어나지 않고 예악이 일어나지 않으면 형벌이 합당하지 못하고 형벌이 합당하지 못하면 백성이 손발을 둘 곳이 없어진다. 따라서 군자의 명분은 반드시 말로 설명돼야 하고 말은 반드시 행동으로 옮길 수 있어야 한다. 군자의 말에 구차함이 있어서는 안 된다"고 했다.

이 말을 뒤집어보면 명분이 정당하면 말도 합리적이며 말이 합리적이면 일도 성사되는 것이다. 일이 성사되면 예악이 일어나고 예악이 일어나면 형벌이 합당하게 된다. 형벌이 합당해지면 백성이 손발을 어쩔 줄 몰라 하는 일은 생기지 않을 것이다. 그렇게 되면 천하가 태평해진다. 즉, 명분은 덕이 깃드는 곳이라 할 수 있다.

책임은
태산보다 무겁다

"책임은 태산보다 무겁다." 우리는 건전하고 안전한 생산 책임 시스템을 서둘러 마련하고, 각급 당과 정부의 최고 책임자가 안전에 대한 책임을 직접 챙겨야 한다. 안전 감독과 검사를 강화해 상벌을 엄격하게 함으로써 안전한 생산 업무 환경을 구축해야 한다.

- 2013년 11월 24일, 칭다오(靑島)의 황다오(黃島) 경제개발구 송유관 폭발 사고 현장에서

출처
책임은 태산보다 무겁다.
責任重于泰山.
- 현대 민간 속담

태산(泰山): 중국의 5대 산악 가운데 첫 번째로, 무거움의 대명사로 꼽힌다.

천하의 큰 책임을 나 말고 누가 감당하랴

책임은 사람에게 필수불가결한 것이다. 당 간부라면 자기가 맡은 책임을 감당해야 할 의무가 있고, 그 책임을 태산보다 더 무겁게 여겨야 한다. 그러나 실생활에서 고의로 책임을 회피하는 사람이 많다. 한마디로 가소롭고 또 수치스러운 사람들이다.

삼국시대의 제갈공명은 "천하의 큰 책임을 나 말고 누가 감당할 수 있겠는가"라고 말했다. 이를 통해 우리는 제갈공명이 자기 책임을 용감하게 감당했던 군자임을 알 수 있다. 물론 우리 같은 보통 사람들은 제갈공명처럼 천하의 큰 책임을 맡을 필요는 없고, 또 그럴 능력도 없다. 우리로서는 자신의 가장 기본적인 책임을 진지하게 대하며 자신이 져야 할 책임만 잘 감당하면 족하다. 그러나 당 간부는 달라야 한다. 그들이 맡아야 할 책임은 사회적인 책임이기 때문이다.

책임은 태산보다 무겁다. 이는 옛날에도 그랬고 오늘날 더욱 그래야 한다. 여와(女媧)는 하늘을 떠받느라 결국은 과로사(過勞死)했다고 볼 수 있다. 형가(荊軻)는 진시황을 암살하기 위해 목숨을 걸었다. 국공내전의 영웅 둥춘루이(董存瑞)는 목숨을 걸고 토치카를 폭발시켰고, 황지광(黃繼光)은 몸을 던져 적의 기관총을 막았으며, 치우사오윈(邱少雲)은 불길에 뛰어들어 산화했다.

이런 사람들은 왜 이렇게 했을까? 그들이 불나방처럼 불에 뛰어든 행동은 다름 아니라 책임이란 두 글자를 위한 것이었다. 여와가 인류의 시조가 아니었다면, 형가가 연나라의 사신이 아니었다면, 둥춘루이·황지광·치우사오윈이 당의 전사가 아니었다면, 맡은 책임을 위해 자기 목숨까지 걸지는 않았을 것이다.

사고는 미연에 막아야 한다

생산 현장의 안전은 '사고는 사전에 방지한다'는 정신으로 지켜야 한다. 우리의 안전 검사는 예고 없이 바로 말단 현장으로 달려가서 실상을 은밀하게 조사하는 방법으로 진행되어야 한다. 특히 지하 송유관과 같이 보이지 않는 곳의 안전 문제는 사각지대가 생기지 않도록 각별히 신경을 기울여야 한다.

• 2013년 11월 24일, 칭다오의 황다오 경제개발구 송유관 폭발사고 현장에서

출처

군자는 우환을 사전에 방지한다.

君子防患未然.

• 북송(北宋), 곽무천(郭茂倩)의《악부시집(樂府詩集)·군자행(君子行)》

환(患): 재난.

미연(未然): 아직은 그렇지 않다, 아직 형성되지 않다.

바짓단 걷어붙이고 인민의 일터를 누벼라

인민이 당 간부에게 요구하고 기대하는 것은 실질적인 일에 힘쓰는 모습이다. 당 간부라면 인민을 이롭게 하는 일을 업무의 출발점과 도착점으로 해야 한다. 인민 입장에서 문제를 관찰하고 처리해야 그 사고의 폭이 넓어지고, 책임감도 무겁게 느낄 수 있으며, 업무 처리도 성실히 할 수 있다.

위정자는 모름지기 자세를 낮춰 바짓단을 걷어 올린 채 인민의 일터를 누벼야 한다. 인민과 함께 한 벤치에 앉거나 논밭의 흙을 묻히며 인민의 언어로 말할 수 있어야 한다. 이것이 인민에게 배우는 좋은 자세라 할 수 있다. 그렇게 해야만 인민을 위한 좋은 정책 아이디어가 나올 수 있다.

당 간부는 헛된 명성을 추구하거나 눈앞의 성공과 인기에 급급해서는 안 된다. 개인의 업적을 과시하기 위한 전시 행정성의 프로젝트를 추진해서도 안 된다. 특히 현지 조사 없이 머리로만 생각해 결정 내리는 우(愚)를 범해서는 안 된다. 당 간부라면 역사의 검증을 견뎌낼 수 있는 일을 해야 한다.

당 간부는 사람 됨됨이가 떳떳해야 한다. "군자는 그 행동이 의심이나 오해를 받지 않도록 사전에 방지해야 한다. 외밭에서 신발을 다시 신지 않고 오얏나무 아래서 갓을 고쳐 쓰지 않는다"는 옛말이 있다. 그 행동이 살얼음판을 걷듯 조심해야 한다는 이야기다. 특히 겉모습과 창문 앞만 볼 게 아니라 뒤뜰이나 구석진 곳을 살피는 자세로, 마치 경쟁이라도 하듯이 인민을 위한 실질적인 일에 힘쓰고 청렴의 모범이 되어야 한다.

현자를 숭상하는 것이
정치의 근본이다

"재덕(才德)을 겸비한 사람을 숭상하는 것은 정치의 근본이다." 해외에 유학한 인재 등 중국의 개혁개방과 사회주의 현대화 건설에 필요한 여러 인재를 대규모로 육성해야 한다. 환경이 좋아야 인재가 모이고 사업이 번창한다. 환경이 좋지 않으면 인재가 흩어지고 사업은 쇠퇴한다. 우리는 인재를 발굴하고 단결시키며 활용하는 데 능해야 한다. 특히 유학한 인재가 귀국해 조국을 위해 봉사할 수 있도록 양호한 환경을 조성할 필요가 있다.

- 2013년 10월 21일, 구미(歐美) 동창회 설립 100주년 축하 행사에서

출처

재덕을 겸비한 사람을 숭상하는 것은 정치의 근본이다.

尚賢者, 政之本也.

- 전국시대(戰國時代), 묵자(墨子)의 《상현(尚賢)》

상현(尚賢): 어질고 재능 있는 사람을 숭상하다.

항상 귀한 관직도 비천한 백성도 없다

묵자는 평생 '겸애(兼愛)' 사상을 전파했다. 이는 오늘날 '이인위본(以人爲本)' 사상의 초기 형태로 간주된다. 묵자는 지배자는 무릇 혈통이라는 경계를 뛰어넘어 사회 각 계층에서 재능 있는 학자를 선발해야 한다고 주장했다.

묵자는 현인을 '국가의 보배이자 사직(社稷)의 지킴이'라 평가하며, 현인의 구체적인 선발 기준으로 '후호덕행(厚乎德行)', '변호언담(辯乎言談)', '박호도술(博乎道術)' 이 세 가지를 제시했다. 즉, 덕행이 높고, 말재간이 있으며, 박식한 인재라야 현인이라 부를 수 있다는 것이다. 또한 묵자는 현인을 종합적으로 살펴보고 이해해야 한다고 주장했는데 '그의 말을 듣고, 그의 행동을 조사하고, 그의 재능을 관찰하고' 나서야 비로소 그가 현인인지 아닌지 최종 판단을 할 수 있다는 것이다.

묵자는 '겸애'라는 사상을 바탕으로 '봉기할 때 빈천(貧賤)을 따지지 않기', '봉기할 때 친소(親疏)를 따지지 않기', '봉기할 때 원근(遠近)을 따지지 않기' 등 세 가지 기본 원칙을 제시했다.

또한 현인을 임용할 때는 "덕행에 따라 관직을 안배하고, 관료의 등급에 따라 직무를 맡기며, 노고에 따라 포상을 나누고, 공로에 따라 녹봉을 준다"는 방책을 주장했다. 동시에 "항상 귀한 관직도 없고 항상 비천한 백성도 없다"고 하면서, "재능이 있으면 선발하고 재능이 없으면 그만두게 한다"고 설파했다. 즉, 효율적인 감독과 합리적인 평가를 통해 관료에 대한 상벌을 명확하게 해야 한다고 강조했다.

멀리 내다보지 않으면
우환이 닥친다

"멀리 내다보지 않으면 반드시 가까운 시일에 걱정이 닥친다." 당면 문제를 해결할 때는 먼 미래의 이익도 함께 고려해야 한다. 장기적인 발전의 관건은 개혁과 혁신에 있다. 우리는 경제 발전 방식을 전환하고 경제 구조를 조정하며 개혁 및 혁신을 추진해야 한다. 또 내수 잠재력과 시장의 활력을 끌어내어 건실하고 지속적인 경제 발전을 위해 내재적 동력을 다져야 한다. 개혁에 평탄한 길이란 없다. 선진국이든 개발도상국이든 개혁을 위해서는 필요한 대가를 지불할 각오를 해야 한다. 어려움이 많기 때문에 의지가 돋보이는 것이고 성실하게 수행해야 하기 때문에 진귀한 것이다.

• 2013년 10월 7일, APEC 정상 회의에서

출처
공자가 말하길,
사람이 멀리 내다보고 우려하지 않으면
반드시 가까운 시일에 우환이 닥친다고 했다.
子曰: 人無遠慮, 必有近憂.
• 춘추시대(春秋時代), 공자의 《논어(論語)·위영공(衛靈公)》

우(憂), 여(慮): 우려.

말도 채찍이 없으면 속도를 안 낸다

당 간부가 위기감이 부족하면 전임자의 공로에 기대어 낮잠이나 자기 쉬우며 당의 정체성과 책임 또한 망각하기 일쑤다. 중국은 현재 국제 금융 위기의 여파 속에 국내의 취업난과 자연재해 등 다양하고도 중대한 압력에 직면해 있다. 자연히 당 간부는 그 어느 때보다 더 책임감과 사명감, 위기감을 갖고 있어야 한다. 그래야 인민을 이끌어 난국을 타개할 수 있다.

말도 채찍을 휘두르지 않으면 속도를 내지 않듯, 사람 또한 위기감이 없으면 일을 성사시키기 어렵다. 사실 사람은 위기감이 있어야 책임감이 더욱 강해지고 혁신과 창조를 위한 동력과 열정이 더 많이 생기게 마련이다. 당 간부가 위기감을 결여하면 당의 혁신이론을 받아들이기 어렵게 된다. 이렇게 되면 입으로는 시대에 뒤떨어진 말을 하고 행동은 상투적이 되며 업무 지도는 구태의연함을 피할 수 없다. 흔히 말하는 '메기 효과'는 위기감이야말로 사람들에게 생존의 추진력이 될 수 있음을 보여준다.

당 간부의 위기감을 고조시키는 것은 피할 수 없는 추세다. 당조직은 간부들을 상대로 두뇌 청소와 같은 교육 방안을 수립해야 한다. 효율적인 감독과 업적·능력 평가 등을 통해 당 간부가 할 수 있는 것과 할 수 없는 것을 구별해 행동하게 해야 한다. 과학적이고 전면적인 평가를 통해 근면하고 우수한 사람은 포상하고 게으르고 무능한 사람은 질책해야 한다. 임무를 부여하고 발전을 위한 시간표를 만들어 간부들의 위기감을 키워야 한다. 당 간부는 이런 스트레스를 동력으로 전환하고 다시 이 동력을 집행력과 추진력으로 발전시켜 인민을 위한 당 정책을 수립하는 데 활용해야 한다.

고난을
함께 나누자

이 말은 양국 인민 간의 우호적인 왕래 과정에서 적지 않게 실천으로 이어졌다. 중국과 인도네시아 양국에 모두 있는 '고난을 함께 나누자'라는 성어(成語)가 이를 웅변으로 대변해 준다.

• 2013년 10월 3일, 인도네시아 국회 연설에서

출처

근심과 재난을 함께한다.

患難與共.

• 춘추시대(春秋時代), 공자의 《예기(禮記)·유행(儒行)》

난(難): 위험.

나는 누구인가, 반복해 물어라

인민과 함께 고난을 나누려면 인민 지상의 가치관, 인민이 진정한 영웅이라는 유물사관, 인민을 위해 일한다는 집권 이념을 견지해야 한다. 이를 위해 당 간부는 '누구를 위해서인가, 누구를 의지해서인가, 나는 누구인가'의 세 가지 질문에 답할 수 있어야 한다.

먼저 '누구를 위해서인가'에 대해서는 새삼 질문이 필요 없다. 당연히 인민이기 때문이다. 일부 당 간부는 이를 망각하고 자신의 셈법에 따라 궁리하느라 인민의 이익을 뒷전에 둔다. '누구를 위해서인가'를 잊지 않으려면 '당신이 누구인가'를 잘 알아야 한다. 당원 신분은 타고난 것이 아니다. 당의 기초와 역량이 모두 인민에게서 나옴을 깨달아야 한다.

'누구를 의지해서인가'의 문제를 잘 해결하려면 일할 때 인민 속에서 출발해 인민 속으로 돌아간다는 사상을 견지해야 한다. 인민은 실천의 최전선에 있기 때문에 사물에 대한 관찰과 상황에 대한 이해가 세밀하고 투명하며 또한 깊다. 따라서 일을 도모함에 있어서 인민의 의견을 경청해 계획을 수립하고 인민의 지혜를 빌려 실천해나가야 한다. 인민을 떠나서는 우리는 한 가지 일도 제대로 이룰 수 없다.

당 간부는 언제나 '나는 누구인가'의 물음을 반복해야 한다. 당 간부의 지위가 아무리 높다 한들 인민을 능가할 수는 없다. 따라서 그 어떤 특권 사상도 가져서는 안 된다. 특별대우를 바라지 마라. 인민과 함께 호흡하고 인민과 공동 운명체임을 한시라도 잊어서는 안 된다.

아름다운 덕행은
널리 퍼진다

도덕적으로 모범인 사람은 도덕적인 사회를 구축하는 데 중요한 깃발이다. 이에 대한 선전 활동을 심도 있게 추진해 긍정적 에너지를 주위에 발산시켜야 한다. 인민이 덕을 숭상하고 선을 따르며 현자(賢者)에게서 배우도록 권장해야 한다. 사회 전체가 좋은 일을 함으로써 덕을 쌓고 '아름다운 덕행은 널리 알려지게' 격려해야 한다. 중화민족의 위대한 부흥을 실현한다는 중국꿈을 위해 군건한 도덕적 뒷받침을 제공해야 한다.

- 2013년 9월 26일, 제4차 전국 도덕 모범 수상자를 만난 자리에서

출처

지극한 정치를 하면 향기로워서 신명에게도 감응이 되는 법이니, 기장과 피가 향기로운 것이 아니라 밝은 덕이 향기로운 것이다.

至治馨香, 感于神明. 黍稷非馨, 明德惟馨.

- 춘추시대(春秋時代), 공자의《상서(尚書)·군진(君陳)》

명덕(明德): 미덕.

유(惟): ~이다.

형(馨): 향기를 내뿜다.

자를 꺼내 자신의 부족함을 점검하라

최근 국내외적으로 격심한 환경 변화 속에서 일부 당 간부는 허무주의와 부정부패, 도덕적 해이에 빠져 있다. 도덕의 강화는 인민이 간절히 소망하는 것으로, 우리 당의 아주 긴박하고도 무거운 임무다. 당 간부라면 항상 거울을 보고 자신의 이상과 신념이 견고한지, 도덕 수준이 고상한지를 살펴야 한다. 또한 자를 꺼내어 자신의 부족함이 어디에 있고 얼마나 되는지를 점검해야 한다. 올바른 권력관과 지위관, 이익관을 수립해 사회주의의 핵심 가치를 발전시켜야 한다.

특히 고급 당 간부라면 항상 자신을 채찍질하며 자기가 무엇을 해야 하고 무엇을 하지 말아야 하는지를 명확히 해야 한다. "마당의 꽃이 피고 지는 것을 보듯 황제의 총애를 받거나 모욕을 당해도 놀라지 않는다. 구름이 모이고 흩어지듯 자리에서 떠나거나 머무는 것에도 무심하다"는 말처럼 넓은 마음을 늘 유지하라. 명리(名利)를 따지지 않고 헛된 영화(榮華)를 바라지 않으며 청빈한 것과 봉사하는 것을 달갑게 여기도록 노력해야 한다.

당 간부는 업무를 잘 처리하는 것을 인생의 가장 큰 목표로 삼아야 한다. 자신으로부터 시작하고 구체적인 일부터 출발해 맡은 자리에서 자기 직무를 신중하고 진지하게 끝까지 처리하는 것이야말로 간부의 최종 목표이다. 이럴 때 당원의 선진성(先進性)이 고양되며 사회주의 도덕 실천의 첨병이 될 수 있다.

민심을 얻는 자가
천하를 얻는다

"민심을 얻는 자는 천하를 얻고 민심을 잃는 자는 천하를 잃는다." 인민의 옹호와 지지는 당 집권의 가장 견고한 기반이다. 민심의 향배는 당의 생사와 존망을 결정한다.

• 2013년 7월 29일, 당의 '군중노선 교육실천 활동' 공작회의에서

출처

천하를 얻는 방법이 있다. 백성을 얻으면 바로 천하를 얻는 것이다.

백성을 얻는 방법이 있다. 백성의 마음을 얻으면 바로 백성을 얻는 것이다.

백성의 마음을 얻는 방법이 있다. 백성이 바라는 바는 백성에게 모아주고 백성이 싫어하는 것은 시행하지 않는 것이다.

得天下有道, 得其民, 斯得天下矣.

得其民有道, 得其心, 斯得民矣.

得其心有道, 所欲與之聚之, 所惡勿施爾也.

• 전국시대(戰國時代), 맹자의 《맹자·이루 상(離婁上)》

민폐 프로젝트를 중단하라

인민이 중요하게 생각하는 것은 '당신이 무얼 말했는지'가 아니라 '당신이 그들을 위해 무엇을 했는가'다. 겉멋만 내고 내실을 따지지 않는 '이미지 프로젝트'나 단기적인 효과만 추구하는 '임기(任期) 내 프로젝트', 인민의 인력과 재물만 낭비하는 '민폐 프로젝트'는 인민이 싫어하는 것들로 당장 또 무조건 금지되어야 한다. 인민의 생산과 생활 속에서 나타나는 실제 문제 해결에 초점을 맞춰야 인민과 함께 생사고락을 같이할 수 있다.

당 간부의 지위가 높을수록 권리는 커지며 그만큼 책임도 무거워진다. 역사와 현실은 우리에게, 권력이 사람을 고상하게 만들 수도 있고 타락시킬 수도 있으며, 한 사람을 성공시킬 수도 또 파멸시킬 수도 있다는 점을 보여준다. 관리가 되어 직무를 맡으면 한 지역의 발전을 책임지게 된다. 즉, 그 지역의 발전이 전적으로 한 간부의 손에 달리게 된다. 그 책임의 무게는 태산보다 더하다. 그런 책임 의식을 갖고 지역의 현지 실정에서 출발하되 긴 안목을 갖고 인민의 이익에 티끌만큼도 피해를 주지 않겠다는 자세로 정책을 수립해야 한다.

인민에게 유리한 일만 처리한다는 방침은 우리 당의 취지에 따라 결정된 것이기도 하지만, 당의 집권 지위를 공고히 하기 위한 관건이기도 하다. 인민에게 유익한 일만 처리하기 위해서는 인민이 가장 관심을 갖고 가장 바라며 가장 불만스러워하는 일부터 착수해야 한다. 작게 말하면 집집마다의 땔감, 쌀, 기름, 소금 등의 생필품과 수도, 전기, 가스, 난방, 치료, 교육, 취업, 의식주, 교통 등이고, 크게 말하자면 개혁개방과 현대화 건설이 바로 그것이다.

2

가벼운 깃털도 쌓이면
배를 가라앉힌다

먹구름에 눌려
성이 무너지려 한다

당은 인민과 마음으로 통하고 호흡을 함께하며 운명도 같이
해야 한다. 그렇게 인민에게 의지해 역사를 앞으로 밀고 나
가야만 '먹구름에 눌려 성이 무너지려는' 상황에서도 조금도
두려워하지 않을 수 있고, 조금도 흔들리지 않으며, 태산처럼
안전하고 반석처럼 견고해질 수 있다.

- 2013년 7월 29일, 당의 '군중노선 교육실천 활동' 공작회의에서

출처

구름 같은 적군 몰려와 성이 무너질 듯하고
해 향한 갑옷 빛깔 황금비늘 열린 듯하네.

黑雲壓城城欲摧, 甲光向日金鱗開.

- 당대(唐代), 이하(李賀)의《안문태수행(雁門太守行)》

욕(欲): 곧 그렇게 되다.
최(摧): 눌러 부수다.

부귀로도 그 마음을 어지럽힐 수 없다

지난 90여 년간 중국 공산당의 혁명 과정에서, 특히 먹구름에 성이 눌려 무너질 것과 같은 어려운 상황에서도 이름 모를 무수한 영웅이 혁명을 위해 모든 것을 바쳤다. 살아남은 우리는 이제 그분들에게 깊은 경의를 품지 않을 수 없다.

과거 혁명을 위해 분투한 사람들은 개인적인 득실을 따지지 않았고, 당이 부여한 임무를 완성하기 위해 개인의 안위를 고려하지 않았으며, 억울함을 당하는 것도 두려워하지 않았다. 이것이 바로 우리 당원의 숭고한 사상 경지다.

중화민족은 예부터 명예와 절개를 숭상해왔다. "부귀로도 그 마음을 어지럽힐 수 없고, 빈천으로도 그 마음을 바꿀 수 없으며, 무력으로도 그 마음을 굴복시킬 수 없다"는 맹자의 말처럼 중화민족은 비굴하지 않았으며, 꿋꿋한 절개를 지키기 위해 노력해왔다. 당 간부는 마땅히 이 같은 고상한 인격을 발전시켜야 한다. 성실한 말을 하고 성실한 일을 하며, 성실한 사람이 되어야 한다.

당 간부라면 혁명의 절개를 지키고, 어떤 어려운 상황에서도 혁명의 초심을 잃지 않은 채 필승의 신념을 가져야 한다. 귀신을 무서워하지 않고, 사악한 세력을 두려워하지 않으며, 각종 그릇된 사상이나 불건전한 경향을 상대로 단호한 투쟁을 벌여야 한다. 청렴결백과 멸사봉공의 정신, 굳건한 노력을 견지해 배금주의나 환락주의의 나쁜 영향에 오염되지 않은 채 존엄과 위엄을 지켜나가야 한다.

작은 차이가
큰 차이를 낳는다

일부 당 간부는 현지 조사를 진행할 때 주마간산(走馬看山)의 분위기로 하거나 그저 눈도장 찍는 수준에 그치는 경우가 허다하다. 차를 타고 둘러보면서 유리창을 통해 '외관'과 '창문'만 본 채 뒷마당과 모퉁이는 잘 보지 않는다. 인민은 이를 두고 "조사 연구에서의 작은 차이가 정책 집행에서의 큰 차이를 낸다"고 말한다. 일부 당 간부는 또한 보고된 게 가짜 상황, 가짜 숫자, 가짜 사례임을 알면서도 이를 그대로 방치하거나 심지어 가짜 자료를 만들어 태평성세인 것처럼 꾸미는 심술을 부리기도 한다.

• 2013년 7월 29일, 당의 '군중노선 교육실천 활동' 공작회의에서

출처

조사 연구 때는 종이를 사이에 둔 듯하지만
정책을 집행할 때는 산을 사이에 둔 듯하다.
調査研究隔層紙, 政策執行隔座山.

• 현대 민간 속담

격(隔): 분리되다.

형식주의는 백해무익하다

형식주의의 가장 큰 폐해는 인식과 실천이 일치하지 않는 데 있다. 일부 간부는 실제 실정과 진실을 은폐한 채 좋은 것만 보고하고 나쁜 것은 누락하며 갈등과 문제점을 감추는 데 급급하다. 또 일부 간부는 지나치게 높은 목표를 제시하고 수치를 허위로 꾸미기도 한다. 구호로 내세운 달성 목표를 이미 성취한 업적으로 간주하고, 장래 해야 할 일을 이미 한 일처럼 말하며, 계획 중인 것을 이미 실행 중인 것처럼 말하는 작태는 근절되어야 마땅하다.

특히 일부 당 간부는 '조사 연구를 꿰맞추는 것'에 습관이 되어 있다. 즉, 가야 할 행로, 봐야 할 것, 만나야 할 사람, 듣게 될 말 등을 모두 사전에 계획하는 것이다. 현지 조사를 나간 관료가 몸은 차에서 내리되 마음은 내리지 않으니 주마간산의 조사가 되고 만다. 현지의 겉모습만 보고 속은 제대로 보지 않으므로, 그런 조사 뒤에 나오는 정책은 신발을 신고 발을 긁는 수준밖에 될 수 없다. 또 일부 간부는 자기가 듣고 싶은 것만 듣기도 한다. 말이 조사 연구지 실질적으로는 민폐의 다른 이름이다.

이런 형식주의를 근절하기 위해서는 감독과 문책 시스템을 강화하고 평가 시스템을 정비해야 한다. 요란스러운 술자리가 만연하고 사치스러운 생활에 빠져버리는 향락주의를 배제하려면 간부의 심사와 평가, 임명과 해임 제도를 개선하고 제도 개혁을 추진해야 한다. 마구 먹고 마시는 인정(人情) 풍조를 바로잡기 위해서는 재정과 세제 개혁을 이뤄내야 한다. 권력에 대한 단속 및 감독을 강화해야만 비리를 뿌리부터 막을 수 있다.

오늘 술이 있으면
오늘 취한다

향락주의를 나타내는 주된 표현은 정신적 태만, 진취심 결여, 명리 추구, 허례허식, 노는 풍조 등이다. 일부 간부는 의지가 박약하여 신념이 흔들리고, 더 늦기 전에 즐기고 보자는 인생 철학을 들먹인다. "오늘 술이 있으면 오늘 취하고", "인생을 최대한 즐기자(人生得意須盡歡)"는 풍조에 빠지는 것이다. 또 일부 간부는 물질적 쾌락을 추구하고 저속한 취미를 갖고 있으며 신선놀음에 정신이 팔려 진취적인 마음을 상실한 채 주지육림과 주색잡기에 빠져 있기도 하다.

• 2013년 7월 29일, 당의 '군중노선 교육실천 활동' 공작회의에서

출처

오늘 술이 있으면 오늘 취하고
내일 근심이 생기면 내일 걱정하리.
今朝有酒今朝醉, 明日愁來明日愁.

• 당대(唐代), 나은(羅隱)의《자견(自遣)》

더 늦기 전에 즐겨야 하나

당 간부라면 시장경제 시대의 충격과 각종 유혹에 맞서 외로움과 시련을 모두 견뎌내야 한다. 하지만 일부 간부는 심리적으로 균형을 상실한 채 늘 주변과 자신을 비교하며 남의 떡을 더 크게 본다. 감정을 잘 제어하지 못하고 쉽게 비관하며 낙심하는 간부 또한 많다. 따라서 당 간부는 최선을 다해 안일함을 경계해야 한다.

안일함을 초래하는 요인은 주로 두 가지 방면에서 나타난다. 하나는 시장경제에 따른 사회 기풍의 영향으로 '더 늦기 전에 즐기자'는 향락주의와 '오늘 술이 있으면 오늘 취하고 인생은 꿈과 같아서 제때 즐겨야 한다'는 생각으로 안일의 늪에 빠지는 것이다. 다른 하나는 일부 당 간부가 현재 상황에 만족해 진취적이지 않거나 남과 월급을 비교하며 명리를 다투는 것이다. 사람들은 위험에 직면하면 조건반사적으로 뒷걸음친다. 그러나 잠재해 있는 위험에 대해서는 맑은 정신으로 경계를 못 할 수도 있다. 따라서 편안할 때일수록 위험을 잊지 않는 자세를 가져야 한다.

일할 때 꼭 순풍만 만나는 것은 아니다. 대부분 많은 위험과 어려움이 수반되기 마련이다. 당 간부라면 이런 경우에 처하더라도 의지와 투지를 굽히지 말고 오히려 분발하며 진취적으로 나아가야 한다. 당 간부라면 식욕이 떨어지고 밤잠을 못 이룰 정도로 책임감을 가지며 그 책임을 회피해서는 안 된다는 사명감, 그리고 신중하게 처리하지 않으면 안 된다는 위기의식 등을 지니고 역경을 헤쳐나가야 한다. 과실이 없으면 그게 곧 공로라는 무사안일의 구태에서 벗어나야 한다.

수다나 떨며
허송세월 마라

우리 당의 일부 간부는 쉬운 일만 골라서 하고, 힘든 일은 회
피하며, 현재 상황에 만족한 채 굳이 고생스럽게 일하려 하지
않는다. 현재 갖고 있는 지식과 견해에 만족하고, 이미 달성
된 성과에 도취해 새로운 목표를 수립하지 않는다. 그저 "차
를 마시면서 신문을 보거나 다리를 꼬고 앉아 수다를 떨며 허
송세월한다".

• 2013년 7월 29일, 당의 '군중노선 교육실천 활동' 공작회의에서

출처
차를 마시면서 신문을 보거나
다리를 꼬고 앉아 수다를 떨며
허송세월한다.
清茶報紙二郎腿, 閑聊旁觀混光陰.
• 현대 민간 속담

백 리를 가려는 사람은 구십 리가 반이다

사람은 타성에 젖기 마련이다. "백 리를 가려는 사람은 구십 리를 반으로 삼는다"는 말이 있다. 이는 대부분의 사람이 마지막 일 리를 앞두고 게으름을 부리다 일을 마무리 짓지 못하는 것을 의미한다. 이제 조금만 더 가면 되는 데 긴장이 풀려 해이해지는 바람에 결국 한 가지 일도 제대로 성취하지 못한다는 이야기다.

병법(兵法)을 다룬 《태백음경(太白陰經)》에서는 군대를 인솔하는 자에 대해 "추워도 두꺼운 옷을 입히지 않고 더워도 부채질하지 않으며 오르막길에서도 말을 타지 않고 비가 와도 비옷을 걸치지 않아야 한다"고 말한다. 군대의 천막이 마련되지 않으면 앉겠다고 말하지 않고 군대의 우물을 파기 전에는 목마르다고 말하지 않아야 한다. 향락과 안일함을 탐닉하는 부서는 탁월한 업적을 만들어낼 수 없다. 어떤 프로젝트가 성공할 수 있는지 여부는 당신이 얼마나 많이 생각하고 얼마나 최선을 다하며, 또 얼마나 책임을 지는지에 달려 있다.

현재 절대 다수의 간부는 마음 자세가 단단하고 의욕이 넘쳐 업무에 심혈을 기울이고 있다. 그러나 일부 간부는 정신적인 활력이 떨어지고, 그저 차를 마시면서 신문을 보거나 다리를 꼬고 앉아 수다를 떨며 허송세월하는 그런 생활을 하고 있다.

당 간부가 인민의 어려움을 진정으로 해소하려면, 인민의 고통을 자신의 고통으로 여기고 인민의 집이 가난하면 자신의 집이 가난한 것처럼 생각하며 인민의 일을 마치 자신의 일처럼 처리해야 한다. 특히 인민의 고통을 제대로 인지하려면 인민의 삶 속으로 뛰어들어야 한다.

생선가게에 오래 있으면
비린내를 못 맡는다

만약 이런 문제가 만연하면 그 부작용은 이루 말할 수 없다. 이는 바로 마오쩌둥 동지가 비유한 '패왕별희(霸王別姬)'의 문제점이 발생하게 되는 것이다. 더욱 심각한 것은 우리 당의 일부 동지들이 이런 문제에 있어 이상한 것을 보고도 이상하게 여기지 않고 심지어 당연시한다는 점이다. 즉, '생선가게에 오래 있으면 비린내를 맡지 못하게 되는 것'이다. 이렇게 되면 상황은 더욱 위태로워진다.

• 2013년 7월 29일, 당의 '군중노선 교육실천 활동' 공작회의에서

출처

생선가게에 오래 있다 보면 비린내를 맡지 못하게 된다.

久入鮑肆而不聞其臭.

• 춘추시대(春秋時代), 공자의《공자가어(孔子家語)·육본(六本)》

포사(鮑肆): 소인(小人)들이 모이는 장소를 비유하는 표현이다.

관료가 부패하면 치국의 도리가 약해진다

당나라 '개원(開元)의 치(治)'나 청나라 강희(康熙)·건륭(乾隆)의 성세(盛世)와 같은 태평성대의 주요 원인은 바로 상·하급 관료들의 업무 기풍이 잘 확립되어 있었고, 관가에는 청렴한 기풍이 존재하였기 때문이다. 우리 당의 90여 년 혁명 역사에서 항일전쟁 시기와 해방전쟁 시기의 빛나는 전과들 또한 대체로 절대 다수의 당 간부가 근면하고 검소한 업무 기풍을 견지하며 멸사봉공의 정신으로 일한 데서 기인한다.

개혁개방 초기 덩샤오핑은 선견지명을 갖고 "현재 역사 전환의 시기를 맞아 해결해야 할 문제가 산처럼 쌓였다. 업무 과제가 이처럼 많으니 당의 리더 역할을 강화하고 당의 업무 기풍을 더욱 단정히 하는 게 매우 중요한 의의를 가진다"고 강조했다. 하지만 경제가 발전하고 국가가 부유해짐에 따라 일부 당 간부의 업무 기풍이나 생활 태도가 차츰 타락하는 모습을 보이고 있다.

일부 간부는 인민을 위해 일한다는 가장 기본적인 이념조차 상실한 채 권력과 재물을 탐하며 향락에 빠져들어 호화로운 차, 호화로운 주택, 호화로운 잔치를 추구한다. 또 일부 간부는 큰 공을 세우는 것을 좋아해 그럴싸한 문장을 남발하며 얼굴 알리기에 여념이 없다. 또 일부 간부는 위에는 아첨하고 아래에는 모질게 대하며 관료주의에 흠뻑 젖는다.

"관료가 부패하면 치국의 도리가 쇠약해진다"는 말이 있다. 일부 간부의 바르지 않은 업무 풍조가 인민의 커다란 반감과 불만을 초래하고, 이는 당과 인민 간의 관계에 심각한 영향을 미친다. 인민 마음속에 있는 당의 이미지를 크게 훼손하는 것이다.

사치가 시작될 때
멸망도 다가온다

우리는 "사치가 시작될 때 멸망의 위기도 다가온다"는 옛 교훈을 명심해야 한다. 각종 나쁜 풍조와 부적절한 처신에 대해 대대적인 조사와 검수(檢修), 대청소를 한바탕 진행해 인민이 민감하게 질책하는 문제를 철저히 해결해야 한다.

• 2013년 7월 29일, 당의 '군중노선 교육실천 활동' 공작회의에서

출처

사치스러움이 시작될 때 멸망의 위기는 점점 다가온다.

奢靡之始, 危亡之漸.

• 북송(北宋), 구양수(歐陽修)·송기(宋祁)의《신당서(新唐書)·장손무기열전(長孫無忌列傳)》

미(靡): 실속 없이 겉만 화려하다.

인민과의 거리를 좁혀라

나쁜 풍조를 철두철미하게 바로잡지 않고 그대로 방치하면 무형의 장벽이 되어 당과 인민을 분리시키는 바람에 우리 당의 기반과 혈맥, 역량 등이 상실될 수 있다. 이 때문에 당 중앙정치국에서는 업무 기풍을 개선하는 '8항 규정'을 마련했고, 각 지역과 각 부서가 이와 관련된 규정을 만들어 간부들의 나쁜 풍조 척결에 나서고 있다. 그 목적은 정치 생태계를 정화시키기 위한 것이다.

업무 기풍 개선에서 가장 중요한 것은 분투의 정신을 견지하는 것이다. 그런데 만날 교제하느라 바쁘고, 또 각종 회의와 활동에 드나들면서 먹고 마시고 구경하며 노는 데만 배석하다 보면, 언제 말단 현장을 찾아 인민의 실제 생활을 살필 시간이 있겠는가. 그리고 언제 정책을 학습하고 업무를 연구할 시간을 가질까? 돈을 물 쓰듯 낭비하고 겉치레만 따져 남들과 사치를 비교하며 향락주의를 추종하면, 인민이 어떻게 반감을 가지지 않을 수 있겠나. 사치와 허장성세가 시작된다는 것은 곧 위기와 멸망이 점점 다가오고 있음을 의미한다.

업무 기풍을 개선하는 임무는 매우 중요하다. 당 중앙의 '8항 규정' 준수 지시는 일종의 동원령(動員令)이자 문제 해결의 시작으로 첫 단추는 이미 꿴 셈이다. 하지만 이는 최고 기준도 최종 목적도 아니다. 업무 기풍을 개선하기 위한 첫걸음이자 당원이 해내야 할 기본적인 요구다. 따라서 당 간부는 솔선수범하며 약속한 것은 꼭 지키는 실천을 보여야 한다. 인민이 불만족스러워하는 것부터 고치고, 인민이 바라는 것부터 시작해야 당과 인민의 거리를 부단히 좁힐 수 있다.

듣기에 좋은 말만
듣지 마라

근면하게 일하면 나라와 군대를 흥성시킬 수 있다. 군사위원회 관계자는 강군(强軍)이라는 목표 아래 문제를 생각하고 의사결정을 하며 실천을 해야 한다. 또 전투력을 기준으로 업무를 검사해야 한다. 말과 행동을 일치시키고 윗사람에게 책임지우는 것과 아랫사람에게 책임지우는 것을 통일시키며, 기초를 다지면서도 장기적인 발전에 유익한 일을 많이 해야 한다. 전력을 다해 혁신에 나서되 눈앞의 성과나 이익에 급급해서는 안 된다. "듣기에 좋은 말만 듣지 말고, 현실에 맞지 않는 방법을 믿지 않으며, 실속 없는 명예는 탐하지 않고, 거짓된 일은 하지 말아야 한다."

- 2013년 7월 8일, 중앙군사위원회 개최의 '군중노선 교육실천 활동' 민주생활회 석상에서

출처

듣기에 좋은 말만 듣지 않고
현실에 맞지 않은 방법을 믿지 않으며
실속 없는 명예는 탐하지 않고
거짓된 일은 하지 않는다.
不受虛言, 不聽浮術, 不采華名, 不興僞事.
- 서한(西漢), 순열(荀悅)의 《신감(申鑒)·속혐(俗嫌)》

부술(浮術): 비현실적인 방법.

형식주의와 관료주의를 타파하라

역사를 살펴보면 형식주의와 관료주의는 오래될수록 치료하기 어렵고 치료하면 할수록 재발하기 쉽다. 그 중요한 원인 가운데 하나는 형식주의와 관료주의란 이 '쌍둥이 형제'가 품행이 바르지 않은 자들의 입맛에 잘 맞기 때문이다.

일부 간부는 문제가 있는 것을 발견했는데도 남의 흥을 깨고 싶지 않거나 좋은 게 좋은 것이라는 생각으로 그저 화기애애하게 지낼 뿐이다. 이처럼 듣기에 좋은 말만 듣고 현실에 맞지 않는 방법을 믿으며 실속 없는 명예를 탐하거나 거짓된 일을 하게 되면 결국 문제가 생길 수밖에 없다.

유감스럽게도 형식주의와 관료주의를 일삼는 일부 간부들이 확실히 '단맛'을 맛본 것은 사실이다. 즉, 상사의 취미를 잘 파악하기만 하면 단기적이고 표면적인 정치 업적으로 포상을 받거나 정치 업적을 이룰 수 있었다. '차를 타고 대충 보거나 유리창을 통해 둘러보는 식'의 검사가 기승부리고 각종 축제 행사가 넘쳐난 것은 형식주의와 관료주의의 배후에 '이익 사슬'이 존재함을 말해준다.

형식주의와 관료주의란 불의(不義)를 근절하기 위해서는 구체적인 조치부터 차례로 착수해야 한다. '군중노선 교육실천 활동'을 통해 당 간부가 거울 보기, 옷 단정히 하기, 몸 제대로 씻기, 병 치료하기 등을 한다는 것은 자기의 업무 기풍에 대해 일종의 신체검사를 받는다는 것이다. 만약 간부가 듣기에 좋은 말만 듣지 않고, 현실에 맞지 않는 방법을 믿지 않으며, 실속 없는 명예를 탐하지 않고, 거짓된 일을 하지 않는다면, 형식주의와 관료주의는 그 온상을 상실하고 말 것이다.

재난은 사소한 실수가
쌓여 생긴다

거울을 보며 입은 옷깃을 바로 하는 것은 인민을 위해 실질적인 일을 하고 청렴해지자는 취지에서다. 이에 따라 자신의 결함과 부족을 용감하게 직시하고, 당의 규율을 엄하고 분명하게 지켜야 한다. 자신부터 또 지금부터 바로 그 행위를 단정하게 해야 한다. 당의 정체성을 잘 학습하고 당원으로서의 바람직한 이미지를 잘 유지해야 한다. 옷깃을 바로 하는 것은 하루 한 번만으로는 부족하다. '매일 세 차례 성찰한다(吾日三省吾身)'는 자세로 임해야 할 것이다. 스스로의 문제를 직시하고 해결한다는 것은 용기를 필요로 한다. 그러나 그렇게 하는 게 가장 적극적인 문제 해결의 방법이다. '재난은 종종 사소한 실수가 쌓여 생기고 지혜롭고 용감한 이도 자기가 좋아하는 것에 탐닉하다 곤경에 처하게' 되는 것이다.

• 2013년 6월 18일, 당의 '군중노선 교육실천 활동' 공작회의에서

출처

재난은 종종 사소한 실수가 쌓여 생기고
지혜롭고 용감한 이도 자기가 좋아하는 것에 탐닉하다 곤경에 처한다.
禍患常積于忽微, 而智勇多困于所溺.

• 북송(北宋), 구양수(歐陽修)의 《오대사기(五代史記)》

익(溺): 좋아하다, 탐닉하다.

간부의 옷소매에 맑은 바람이 일 때
인민은 박수를 보낸다

재난은 왜 발생하나? 사소한 실수나 잘못이 하나하나 쌓여 생긴다. 티끌 모아 태산이듯 재난 또한 작은 문제가 차츰 불어나 발생한다. 또 아무리 지혜롭고 용감한 사람이라도 자신이 좋아하는 일이나 물건에 마음을 빼앗기다 보면 사리분별이 무뎌져 곤경에 처하는 경우가 생긴다. 수시로 경계심을 갖고 사물의 유혹에 넘어가지 말아야 불패의 자리에 영원히 설 수 있다.

자세히 살펴보면 많은 부패 공직자의 문제는 자기의 업무 기풍이 무너지면서 발생했다. 오래된 나쁜 습관이나 버릇은 고치기가 어렵고, 결국 그것이 좋지 않은 결과를 초래했음을 알 수 있다. 바로 이 때문에 부패는 싹부터 잘라내야 하고 먼지는 제때 청소해야 한다는 말이 나온다. '군중노선 교육실천 활동'은 정치적인 세균을 박멸하기 위한 것으로 매일 부지런히 수행해야 하는 필수 과목이다.

청렴과 공정을 강조하는 '8항 규정'이 선포된 이래 당 간부 사이에서 술잔을 나누는 현상이 줄고 이에 대한 긍정적인 반응이 나오고 있다. 즉, 술자리나 연회에 참석하던 사람들이 이제 남은 시간으로 뭘 해야 하는지를 생각하게 되었다. 예를 들어 가족이나 아이의 옆에서 더 많은 시간을 보내게 되었고, 책을 읽으면서 공부하거나 신체를 단련하는 등 여유를 가질 수 있게 되었다. 호화롭고 사치스러운 생활이 줄면 사람들 사이의 의사소통도 진지해지고 서로 간의 배려도 더욱 깊어질 것이다. 당 간부의 옷소매에 맑은 바람이 일 때 인민은 환호의 박수를 보내는 법이다.

가벼운 깃털도 쌓이면
배를 가라앉힌다

옷깃을 바로 하는 습관을 키우면 부패의 싹부터 자를 수 있다. "가벼운 깃털도 쌓이면 배를 가라앉힐 수 있고 가벼운 물건도 많이 모이면 수레의 축을 부러뜨릴 수 있다"는 말처럼 부패가 하나하나 쌓여가는 것을 막아야 한다.

• 2013년 6월 18일, 당의 '군중노선 교육실천 활동' 공작회의에서

출처

가벼운 깃털도 쌓이면 배를 가라앉힐 수 있고
가벼운 물건도 많이 모이면 수레의 축을 부러뜨릴 수 있으며
여러 사람이 함께 입을 모아 말하면 쇠 또한 녹일 수 있다.
積羽沉舟, 群輕折軸, 衆口鑠金.

• 서한(西漢), 유향(劉向)의 《전국책(戰國策)·위책 1(魏策一)》

군(群): 많이 쌓여 있는 물건.
삭(鑠): 녹이다.

작은 일은 항상 큰 일과 연결되어 있다

작은 일이라도 신중하게 처리하고 작은 선(善)이라도 자주 실천해야 한다. 어떤 작은 일은 결코 작은 게 아니라 오히려 큰 일과 연결되어 있다. 특히 인민의 이익과 관련될 경우 작은 일이란 없다.

당 간부가 큰 오류를 범하는 것을 막기 위해서는 작은 결점을 바로잡는 것에서부터 시작해야 한다. 예컨대 술을 조금 마시고 노름을 조금 하며 사우나도 조금 다니고 낚시 또한 조금 하며 이익도 조금 탐내는 것들이 바로 여기에 속한다.

이러한 작은 악에 대해 일부 당 간부는 경계심을 충분히 기울이지 않는다. 전체에 지장을 주지 않기 때문에 언급할 만한 가치가 없다고 생각한다. 그러나 사실은 그렇지 않다. 오류는 크든 작든 모두 분명한 잘못이다. 등한시하고 방치하면 작은 실수가 큰 오류로 커지고 작은 문제가 큰 문제로 비화하는 사례가 수없이 발생한다. 악이 작다고 해도 좋은 것은 없다.

보통 작은 일은 이리저리 뒤엉켜 있기 마련으로, 이를 처리할 때는 인내심과 결단력, 세심함 등이 필요하다. 번거로움을 두려워하지 않고, 명리만 추구하지 않으며, 찬밥 먹는 것을 꺼리지 않고, 고생과 힘듦을 견뎌내야 한다. 작은 일 하는 것을 출발점으로 삼아 큰 일을 하기 위한 기반을 마련해야 한다.

당 간부는 자신의 위신을 손상시키는 불량한 습관을 고치고 자신의 결점과 부족을 용감하게 직시해, 깃털도 쌓이면 배를 가라앉힐 수 있다는 말이 의미하는 우환을 피해야 한다. 이를 위해서는 바람직한 습관이 몸에 배도록 부단히 노력해야 한다.

시작 단계에서는
금지시키는 게 쉽다

병 치료는 주로 과거의 잘못을 훗날의 교훈으로 삼는 것을 견지하는 데서 시작한다. 병을 치료해 사람을 구한다는 것은 병의 증상에 따라 약을 처방한다는 것으로, 업무 기풍에 문제 있는 간부에게는 교육과 경고를 하고, 문제가 심각한 간부는 조사해 처리하며, 부정부패가 불거진 간부는 전문적으로 처리해야 한다는 것을 뜻한다. 몸에 병이 생기면 의사를 찾아 주사를 맞거나 약을 복용하고 심각하면 수술까지 받아야 한다. 마찬가지로 사상과 업무 풍조에 탈나면 서둘러 처리해야 한다. 만약 병을 감추고 의사를 꺼리면 작은 병을 큰 병으로 키우게 되고, 겉에 든 병이 안으로 깊이 침투해 더 이상 치료할 수 없는 지경에까지 이른다. 이른바 '시작 단계에서는 금지하는 것이 쉽지만 이미 결말에 이른 후에는 그 해결이 어려운' 현상이 생기는 것이다. 각급 당 조직은 문제 있는 당원과 간부의 증세를 정확히 찾아내 이에 따른 처방을 내려야 한다.

• 2013년 6월 18일, 당의 '군중노선 교육실천 활동' 공작회의에서

출처
시작 단계에서는 금지하는 것이 쉽지만
이미 결말에 이른 후에는 그 해결이 어렵다.
禁微則易, 救末者難.

• 남송(南宋), 범엽(範曄)의 《후한서(後漢書)·정홍전(丁鴻傳)》

미(微): 사소한 것으로 사물의 시작을 의미한다.

권력을 제도라는 새장에 가둬라

시진핑은 모든 일이 형성과 발전, 종결이라는 과정을 거치기 때문에, 작은 문제가 큰 문제로 나아가지 않도록 막는 노력을 기울여야 한다고 강조한다. 양적인 변화가 시작되는 단계에서부터 바로잡아야 질적인 변화, 즉 만회할 수 없을 정도로 변화하는 것을 막을 수 있다는 이야기다.

미세한 문제가 크게 되는 것을 방지할 누군가가 있어야 한다. 사고는 종종 작은 것에서 큰 것으로, 또 양적인 변화에서 질적인 변화로 발전하는 과정에서 발생한다. 성공한 사람이 반걸음씩 꾸준히 전진하지 않았다면 어떻게 천 리를 갈 수 있었겠나. 천 리 제방 또한 작은 개미구멍으로부터 무너지는 법이다.

따라서 작은 것에 문제가 보일 때 바로 경고할 필요가 있다. '즉시 처리한다'는 방침을 갖고 '나태와 산만'에 대해 칼을 휘둘러 바람직한 업무 기풍을 다져야 한다. 부패 방지의 근본은 권력을 제도라는 새장 안에 가두는 것에 있다.

반부패 시스템에 대한 혁신과 제도 보장을 통해 권력 운영에 대한 단속과 감독을 강화해야 한다. 제도라는 새장이 마련된 후엔 새장의 문을 더욱더 잘 단속하고 정밀하고 세분화된 관리로 구멍이 생기지 않도록 해야 한다. 특히 뚜렷한 레드 라인을 그어 부패 세력이 더 이상 기회를 엿볼 수 없게 만들어야 한다.

충언은 귀에 거슬리고 양약은 입에 쓰다

각급 당 조직은 간부를 교육할 때 '단결-비판-단결'이라는 세 단계 공식을 견지해야 한다. 그렇게 해야 자아비판할 때 체면을 잃지 않을까, 상사를 비판할 때 앙갚음당하지 않을까, 동료를 비판할 때 화목함을 잃지 않을까, 부하를 비판할 때 인심을 잃지 않을까 등과 같은 우려를 불식시킬 수 있다. 당원은 자신을 깊이 해부하고 점검도 해야 하며 서로 진지한 비판을 통해 사상과 영혼을 점검해야 한다. 때로 얼굴을 붉히거나 땀을 흘리기도 하면서 개혁 방향에 대해 분명하게 논의해야 한다. 타인을 비판하든 자신을 비판하든 사심이 끼지 않게 하며 화목을 잃지 않도록 해야 한다. 즉, 비판과 자아비판 활동을 사적인 분통을 터트리는 수단으로 삼아서는 안 된다. "충언은 귀에 거슬리고 양약은 입에 쓰다." 타인의 비판 의견에 대해 그것이 사실이면 고치고, 사실이 아니라면 그런 오류를 범하지 않도록 힘쓰는 태도를 가져야 한다. 즉, '비판'에 저항하거나 원칙도 없는 언쟁은 벌이지 말아야 한다.

• 2013년 6월 18일, 당의 '군중노선 교육실천 활동' 공작회의에서

출처

몸에 좋은 약은 입에 쓰나 병에 좋고
충언은 귀에 거슬리지만 행동에는 이롭다.
良藥苦于口而利于病, 忠言逆于耳而利于行.

• 춘추시대(春秋時代,) 공자의 《공자가어(孔子家語)·육본(六本)》

행(行): 품행과 품격.

꽃을 많이 심되 가시는 적게 심어라

좋은 약은 대체로 맛이 쓰고 복용이 쉽지 않다. 또 충성스러운 권고와 날카로운 비판은 듣기에 거북하다. 어떤 말은 몹시 귀에 거슬리고, 어떤 비판은 마음에 큰 상처를 준다. 그러나 그게 유익한 말이라면 과감하게 받아들이는 용기가 필요하다. 몸에 좋은 약은 대부분 쓴맛을 갖고 있지만 그 치료 효과가 뛰어나고, 선을 권하는 말은 대부분 듣기에 편하지 않지만 결점을 바로잡는 데 유익하기 때문이다.

중국의 오랜 역사를 돌이켜보면, 뚜렷한 족적을 남긴 사람들은 대부분 남의 비평과 이의를 용감하게 받아들였다. 이들은 남들의 지혜를 흡수해 자신의 실수를 막음으로써 자기 사업을 성사시킬 수 있었다. 한평생 이 세상에 살면서 지혜로운 자의 비판을 받을 기회가 있다면 그것은 사실 행운에 속하는 일이다.

그러나 남을 비판하기 위해서는 많은 용기가 필요하고, 위기도 감수해야 함을 명심해야 한다. '꽃을 많이 심되 가시는 적게 심자'는 도리에 대해서는 누구나 잘 알고 있다. 일반적으로 사람들은 좋은 말만 즐겨 듣고 비판과 이의를 듣기 싫어한다.

또 일부 사람은 남의 비판을 잘못 대할 수도 있고, 심지어 비판이나 이의를 제기한 사람을 원수로 간주할 수도 있다. 따라서 '지혜로운 자'는 비판을 받아들일 만한 사람에게만 이의를 제기하고, 비판할 가치도 없는 사람에게는 아예 함구하며 미움 살 위험을 감수하지 않기도 한다.

인민의 눈은
눈처럼 밝다

"군중의 눈은 눈처럼 밝다." 당원과 간부가 갖고 있는 문제는
인민이 가장 잘 보고, 또 이에 대해 할 말이 가장 많다. 따라
서 간부는 처음부터 말단 현장에 내려가 인민의 의견을 들으
며 인민의 감독과 평가를 받아야 한다. '자기 말만 하거나 혼
자 북치고 장구 치는' 방식의 업무 수행을 절대 삼가야 한다.

• 2013년 6월 18일, 당의 '군중노선 교육실천 활동' 공작회의에서

출처
군중 눈은 눈처럼 밝다.
群衆的眼睛是雪亮的.
• 현대 민간 속담

땀 흘리고 얼굴 붉히며 독을 배출하라

일부 당 간부의 형식주의와 관료주의, 향락주의, 사치풍조, 이 4대 악풍을 근절하는 데 가장 필요한 것은 바로 인민이라는 거울이다. 간부의 4대 악풍에 대해서는 인민이 가장 잘 알고 있고, 이 4대 악풍의 해악에 대해서도 인민이 가장 민감하게 피부로 느끼고 있기 때문이다.

따라서 당 간부는 인민에 의지해서 자신의 문제점을 찾는 게 도리다. 인민의 목소리를 진지하게 경청하고 날카로운 비판을 잘 받아들여 '땀 흘리고 얼굴을 붉히며 독을 배출하는' 반성을 철저히 해야 한다.

일부 당 간부는 문제가 많은데도 그렇지 않다고 잡아떼는가 하면, 심지어 '이의를 들어본 적이 없노라'고 자화자찬하기도 한다. 하지만 이의를 들어보지 못했다는 것 자체가 가장 큰 이의일 수 있다. 이것은 인민을 의지하는 데 있어 미흡했음을 말해주는 것이기 때문이다.

당 간부라면 자신의 활동을 인민에게 개방하며 인민의 이의 제기와 같은 '귀에 거슬리는 소리'를 용감하게 경청해야 한다. 인터넷이든 좌담회든 직접 인민 속으로 들어가 이의를 구하면서 인민의 비판을 보약으로 삼아야 한다.

인민의 비판이 사실이라면 고치고 사실이 아니라면 그런 오류를 범하지 않도록 힘쓰는 태도를 가져야 한다. 인민의 눈[眼]은 잡스러운 것이 섞이지 않은 눈[雪]처럼 매우 밝기에 간부의 행동은 꼭 인민의 눈에 의해 평가되어야 한다.

쇠를 두드리려면
대장장이부터 단단해야 한다

리더라면 앞장서야 한다. 오랫동안 해결되지 않는 어떤 문제의 경우 그 증상은 기층에 나타나지만 실제 문제의 뿌리는 상층에 있다. 상부에 병이 생겼는데 하부에 약을 먹으라고 하면 문제가 해결되겠나. 확실히 인민에서 유리돼 발생하는 각종 문제는 그 원인이 상급 기관과 상급 간부에 있다. 이번 '군중 노선 교육실천 활동'은 분명히 현·처장급 이상 상급 기관과 상급 간부를 중심으로 진행돼야 한다. "쇠를 두드리려면 먼저 대장장이 자신부터 단단해져야 한다"는 말이 있다. 이번 교육 활동을 당 중앙정치국에서부터 먼저 펼치기로 한 것은 솔선 수범을 하겠다는 의미다. 현·처장급 이상 간부는 무조건 솔선수범하는 자세가 필요하다.

• 2013년 6월 18일, 당의 '군중노선 교육실천 활동' 공작회의에서

출처

쇠를 두드리려면 먼저 대장장이 자신부터 단단해져야 한다.

打鐵還需自身硬.

• 근현대 민간 속담

타철(打鐵): 대장장이를 뜻한다.

한 수의 패착이 바둑 전체를 버린다

당 간부가 청렴하고 공정하면 말할 때 자신감이 있고 일할 때 공평하게 처리할 수 있어 인민이 따르게 된다. 그러나 당 간부 자신이 청렴하지 못하고 자신부터 단단하지 못하면, 인민을 설득할 수 없으며 인민의 마음을 한데 모을 수 없어 일을 처리하고자 해도 되지 않는다.

따라서 어떤 부서가 전투력이 있는지 아닌지를 보려면, 그 리더가 어떠한지를 보면 알 수 있다고들 한다. 당 간부는 어떤 한 지방, 한 부서, 또는 어떤 한 단위의 리더이기 때문에, 그가 길을 잘못 인도하면 전체가 방향을 잃을 수도 있다.

사사로운 정에 얽매여 법률을 어기고 감옥에 갇힌 탐관오리들은 마치 약속이라도 한 듯 다음과 같이 반성한다. 청렴한 관료가 되려 했지만 유혹을 견디지 못해 뇌물을 받았고, 첫 뇌물을 받은 후엔 그만 경계심이 풀리면서 점점 더 타락하게 되었다는 것이다.

이 탐관오리들은 사건이 터지고 난 뒤 "한 번의 잘못으로 평생 후회하고 있다"는 말을 하곤 하는데, 그런 한마디 말로 자신의 부패를 대충 얼버무릴 수 있는 것은 아니다. 그러나 그 질적 변화의 뿌리를 따져보면 확실히 첫 뇌물을 받는 시점에서의 사상 해이가 문제의 시발점이 된 것은 사실이다.

사적인 탐욕으로 인해 추락한 많은 인민의 공복(公僕) 나리들은 감옥에서 자기가 망해가는 과정을 회상하면서 "한 수의 패착(敗着)으로 바둑 전체를 버리고 말았다"며 눈물을 흘리곤 한다. 당 간부는 이 말을 곰곰이 되씹어야 할 것이다.

선은 행하기 어렵고
악은 행하기 쉽다

"선은 행하기 어렵고 악은 행하기 쉽다"는 도리를 명심해 늘 적극적인 인생 태도와 바람직한 도덕 품행을 견지해야 한다. 사회 문명의 새로운 바람을 선도하고 중국 인민해방군의 모범 전사였던 레이펑(雷鋒) 따라 배우기에 앞장서야 한다. 또 자원봉사에 능동적으로 참여하고 사회적 책임을 적극적으로 떠맡아야 한다. 열정으로 주변 사람을 배려하고 빈곤한 가정을 지원하며 노약자와 불구자를 돕는 실질적인 행동으로 사회의 진보를 추진해야 한다.

- 2013년 5월 4일, 각계 우수 청년 대표와의 좌담회에서

출처

선을 좇는 것은 산을 오르는 것처럼 어렵고
악을 따르는 것은 산이 무너지듯 빠르다.

從善如登, 從惡如崩.

- 춘추시대(春秋時代), 좌구명(左丘明)의《국어(國語)·주어 하(周語下)》

등(登): 등산.
붕(崩): 붕괴하다.

착한 사람은 하늘이 돕는다

근시안적으로 세상 물정을 보면 선량한 사람은 이익을 챙기지 못한 채 늘 손해를 보는 것 같다. 반면 악당은 교묘한 방법으로 도처에서 이득을 가로채고 있는 것처럼 보인다. 그러나 5년, 10년 혹은 더 시간이 지나 돌이켜보면 그러한 선량한 사람과 악한 사람의 결말은 처음과는 많이 달라졌음을 알 수 있다. 대체로 착한 사람은 하늘이 돕고 악한 사람은 자멸하기 때문이다.

선량한 사람은 선행을 하고 덕을 쌓았기에 모두 건강하고 장수한다. 대부분의 선량한 사람은 물질적 여유를 누리면서 평화로운 마음을 간직한 채 이렇다 할 근심걱정이 없다. 잠시 생활의 위기를 겪을 수도 있지만 결국은 전화위복이 되어 불행을 복으로 바꾼다. 반면 폭력적이고 악행을 일삼는 사람은 어떤 시기가 되면 반드시 그 업보를 받거나 횡액을 당한다. 또 급사하거나 불치병을 앓아 후회와 반성의 기회마저 가질 수 없게 된다.

옛사람은 "작은 악이라고 해서 행해도 되는 게 아니고 작은 선이라고 해서 행하지 않아도 되는 게 아니다"라고 말했다. 성현들은 세상을 구하고 선행을 권하는 것을 자기 사명으로 삼고 백성들을 거듭 타이르는 번거로움을 귀찮아하지 않았다. 이것은 진정으로 타인의 미래를 배려하는 마음이다.

간신과 사악한 세력만이 누군가의 증오하는 마음을 선동해 이간질을 일삼고, 심지어 억지로 사람을 끌어들여서 공범으로 만든다. 사실 냉정하게 생각하면 선과 악을 구별하는 일은 그리 어렵지 않다. 명예와 사리사욕에 정신이 팔려 멸망의 심연에 빠져서는 안 된다.

나무는 좀 벌레로
쓰러진다

"좀 벌레가 나무를 쓰러뜨리고, 작은 틈이 큰 벽을 무너뜨린다"는 도리를 명심하라. 문제가 있으면 반드시 조사하고 부패를 발견하면 꼭 처벌해야 한다. 부패와 관련해서는 호랑이든 파리든 모조리 때려잡아야 한다는 것을 견지하고, 인민의 합법적인 권익을 철저히 보호하며 간부는 청렴함과 공정함을, 정부는 맑은 정치를 추구해야 한다.

- 2013년 4월 19일, 반부패를 주제로 열린 '당 중앙정치국 제5차 집단학습'
  에서

출처

좀 벌레가 나무를 쓰러뜨리고 작은 틈이 큰 벽을 무너뜨린다.

蠹衆而木折, 隙大而牆壞.

- 전국시대(戰國時代), 상앙(商鞅)의 《상군서(商君書)·수권(修權)》

　두(蠹): 좀 벌레.

탐욕의 첫 관문을 잘 지켜야 한다

사물의 발전과 변화는 항상 양질(量質) 전환의 과정에 있지 하루 아침에 변하는 것은 아니다. 물론 한 마리의 좀 벌레가 나무를 쓰러뜨릴 수 없고 작은 틈이 큰 벽을 무너뜨릴 수는 없을 것이다. 그러나 "천 리 제방도 개미구멍으로부터 무너진다"는 도리는 틀림이 없다.

국가 기관도 하나의 집처럼 자주 청소하지 않으면 먼지투성이가 될 것이다. 또 방수에 주의를 기울이지 않고 제때 정비하지 않으면 좀 벌레에 먹히고 빗물에 젖어 들보가 썩는다. 이어 바람이 파고들어 틈이 커지면 아무리 커다란 벽이라 해도 끝내 무너지고 마는 것이다.

현실의 부패는 관청의 창고에 있는 식량을 몰래 훔쳐 먹는 생쥐, 또는 들보를 갉아먹는 좀 벌레와 같다. 부패의 관건은 첫 '관문'을 잘 지키는 데 달려 있다. 권력, 돈, 여색 등 각종 유혹과 시험에 직면할 때 의지가 약한 자는 항상 '남의 호의를 거절하기 어려워' 또는 '대수롭지 않게 여겨서' 등을 핑계 삼아 태연하게 받아들인다. 그러나 탐욕이 일단 문을 열면 첫 레드 라인이 무너지고, 그렇게 되면 예외 없이 돌이킬 수 없는 길로 들어서게 된다. 따라서 '탐욕의 첫걸음'을 내딛지 않아야 평생 당원으로서의 순결을 유지할 수 있다.

시대가 어떻게 변하고 발전하든 '인민을 위해 실제 효과를 강조하고 청렴하자'는 가치를 추구하는 우리 당원의 자세는 변하지 말아야 한다. 당 간부가 인민을 자신의 마음속에 담고 청렴함과 공정함을 추구할 때 당의 통치 생명선은 굳건해진다.

지붕의 물이 새는지는
그 집안사람이 안다

하이난성(海南省)은 향후 5년간 민생을 위한 분투 목표를 분명히 설정했다. 올해는 열 가지 실질적인 일을 잘 처리하는데 중점을 두겠다고 밝혔다. 이 열 가지 실질적인 일이란 전체 사회의 의견을 공개적으로 수렴해 마련한 것이다. 이러한 일 처리는 아주 훌륭하다. "지붕의 물이 새는 것을 아는 사람은 그 집 안에 있다"는 이치 때문이다. 우리는 인민의 바람을 정확하게 파악해 일을 처리해야 한다. 그렇지 않고 어리벙벙하게, 인민이 원하지 않는데 고생해서 하고 좋은 소리를 듣지 못하는 일은 절대로 해서는 안 된다.

• 2013년 4월 10일, 하이난성 현지 시찰 자리에서

출처

지붕에서 물이 새는 것을 아는 사람은 집 안에 있고
정치가 잘못된 것인지를 아는 사람은 초야에 묻혀 있다.
知屋漏者在宇下, 知政失者在草野.

• 동한(東漢), 왕충(王充)의 《논형(論衡)》

초야(草野): 민간.

먼저 학생이 됐다가 나중에 선생이 되라

마오쩌둥은 《농촌조사(農村調査)의 서론과 발문》에서 "인민은 진정한 영웅이고 우리는 종종 유치하고 웃긴 존재에 불과하다"고 말했다. 마오는 또 옌안(延安) 문예좌담회에서 "당원이 먼저 인민의 학생이 되어야 나중에 인민의 선생이 될 수 있다. 만약 간부들이 자신을 인민의 주인 또는 서민 위에 군림하는 귀족으로 간주한다면, 아무리 큰 재능이 있더라도 그런 사람은 인민이 필요로 하는 것이 아니다. 그런 당원의 미래는 없다"고 지적했다.

덩샤오핑은 "(국민당과 벌인) 3년의 해방전쟁에서 승리했는데, 이는 모든 힘을 결집했기에 가능했다. 가령 황하(黃河)를 건널 때 인민이 (배를 만들 수 있도록) 문짝을 기증했다. 허베이(河北), 산둥(山東)의 문짝뿐만 아니라 허난(河南)의 문짝도 떼어 기증했다. 또 그 당시 인민이 굶주리고 있었는데도 자신의 식량을 인민해방군에게 떼어줬다"고 말한 바 있다. 덩샤오핑은 "현재 일부 소수 간부는 벼슬을 하고 소위 나리가 되어 있는데, 이것은 정말 말도 안 된다. 인민은 물론 일반 간부들과도 거리가 멀어졌다. 윗사람이 모범을 보이지 못해 아랫사람마저 나쁜 물이 들었다"고 지적했다.

마오와 덩이 말하고 있듯이 우리 당의 가장 큰 정치적인 강점은 인민을 의지하는 것이고, 당 집권 후 가장 큰 위기는 인민으로부터 멀어질 때 나오는 것이다. 결국 민심의 향배가 당의 생사와 존망을 결정한다. 당은 인민과 이심전심의 관계를 유지해야 하며, 호흡과 운명을 같이해야 한다. 인민을 의지해 역사의 물결을 앞으로 밀고 나아가야만 통치 기반은 반석처럼 단단해질 수 있다.

천하의 이득을 누리는 자는
세상의 환난을 떠맡아야 한다

개혁개방이 전 인민의 진정한 지지를 받는 것은 근본적으로 인민의 생활수준과 질을 높였기 때문이다. "천하의 이득을 누리는 자는 세상의 환난을 떠맡아야 하고, 천하의 즐거움을 누리는 자는 세상의 근심을 분담해야 한다"는 말처럼 인민의 물질문화 수준을 부단히 높이는 것은 당과 국가를 오랫동안 태평하고 평안하게 유지할 수 있는 정치적인 요구와 관련되는 것으로 우리는 이를 명심하고 행동으로 실천해야 한다.

• 2013년 4월 10일, 하이난성 현지 시찰 자리에서

출처

천하의 이득을 누리는 자는 세상의 환난을 떠맡아야 하고
천하의 즐거움을 누리는 자는 세상의 근심을 분담해야 한다.
享天下之利者, 任天下之患; 居天下之樂者, 同天下之憂.
• 북송(北宋), 소식(蘇軾)의 《소식집(蘇軾集)》 제109권

환(患): 우환.
우(憂): 우려.

인민의 생활수준과 질은 어떻게 높일 수 있나. 우선 당 간부가 인민의 생활 속으로 '가라앉아야' 한다. 그래야 말단 현장의 문제가 눈에 띈다. 맹목적으로 '자신의 주관에만 의지해 문을 걸어 잠근 채 수레 만드는 일'을 하다 보면, 방향을 잃게 되고 '기후와 맞지도 않게 되며' 인민이 따르지 않게 된다. 따라서 간부의 '책상머리'를 인민의 '논밭머리'와 연결시켜야 한다.

인민과 의논한 뒤 과녁을 보고 활을 쏘아야 인민의 바람에 가까이 갈 수 있다. 당 간부는 인민의 고통을 자신의 고통으로 여기고 인민의 즐거움을 자신의 즐거움으로 삼아 인민의 일을 마치 자신의 일을 처리하는 것처럼 해야 한다. 말단 현장에서의 업무는 그 책임도 크고 무거워서 어떤 작은 태만도 있어서는 안 된다.

당 간부가 말단 현장에 내려가 인민과 피와 살처럼 긴밀한 관계를 맺고자 하는 노력은 사회 안전을 유지하기 위한 하나의 좋은 처방이며, 당이 전개하고 있는 '군중노선 교육실천 활동'의 훌륭한 운반체가 된다.

옛사람이 "물은 배를 띄울 수도 있지만 배를 뒤집을 수도 있다"고 말했다. 정말 그렇다. 인민의 신뢰와 말단 현장의 안정은 당과 국가의 부단한 발전을 위한 원동력이다. 당 간부는 마땅히 인민 속으로 가라앉아 인민과 한 덩어리가 되어야 한다. 인민의 가족이 되어 인민의 손을 맞잡고 함께 난제를 해결해나가야 한다.

당 간부는 '묘당(廟堂)'이라는 높은 곳에 있지만 '멀리 있는 강호(江湖)의 일'을 자주 생각해야 한다. 그래야만 당과 인민을 위해 봉사하는 무거운 사명을 다할 수 있다.

뜻이 맞으면 산과 바다가 가로막아도 멀지 않다

중국에는 "뜻이 서로 맞으면 산과 바다가 가로막아도 멀게 느껴지지 않는다"는 옛말이 있다. 세계 4개 대륙의 5개 국가가 모인 브릭스(BRICS)는 동반자 관계를 구축하고 공동 발전이라는 위대한 목표를 실현하기 위해 함께 걷고 있다. 또 국제 관계의 민주화와 인류의 평화 발전이라는 숭고한 임무를 위해 함께 나아가고 있다. 평화를 구하고 발전을 도모하며 협력을 촉진하고 상생을 추구하는 것은 우리의 공통적인 바람이자 책임이다.

· 2013년 3월 19일, 브릭스 정상회의 제5차 회의 석상에서

출처

뜻이 서로 맞으면 산과 바다가 가로막아도 멀게 느껴지지 않는다.
志合者, 不以山海爲遠.

· 동진(東晉), 갈홍(葛洪)의 《포박자 외편(抱朴子外篇)·박유(博喻) 권제38》

  지합(志合): 서로 뜻이 같고 생각이 일치하다.

가장 특효 있는 호신부는 법률 준수다

당 간부는 친구를 사귐에 있어 보통 사람보다 더 신중해야 한다. 당의 고급 간부와 가까워지기 위해 사회의 이른바 '친구[朋友]'라는 사람들은 온갖 방법을 동원해 관계를 맺고자 한다. 이들은 당신 손에 있는 권력이 목표다. 즉, 당신을 일종의 '자원'으로 삼아 막대한 이득을 챙기기 위해 적지 않은 돈과 감정을 당신에게 투자한다.

많은 당 간부가 '어중이떠중이 친구'와 사귀는 것을 시작으로 부패의 심연 속으로 빨려 들어갔다. 어째서 어떤 사람에게 사고가 터지면 과거의 이른바 '친구'들은 앞다투어 사라지고 마는가. 어떤 당 간부는 고관대작 친구를 사귀기 위해 애쓰며 언젠가는 그가 자신을 배려해줄 것으로 판단한다. 이런 생각은 순진하고 유치하기 짝이 없는 것이다.

당 간부라면 이 세상에서 자기를 돕고 구할 수 있는 사람은 오직 자신밖에 없고, 규율과 법률을 지키는 것이야말로 가장 특효가 있는 호신부(護身符)라는 점을 똑똑히 알아야 한다.

동서고금을 막론하고 권력, 금전, 여색은 관료들이 무덤까지 들고 갈 수 없지만 오히려 탐관오리를 무덤으로 보낼 수 있다. 당 간부라면 부패가 어떠한 결과를 초래할 수 있는지를 생각하면서 부패한 후에 생기는 정치 장부, 경제 장부, 가정 장부, 감정 장부, 생명 장부 등을 잘 계산하고, 청렴을 스스로 지켜 부패의 싹이 자라지 않게 해야 한다.

인생의 즐거움은 서로 마음을 깊게 이해하는 데 있다

중부 아프리카와의 우호 관계를 강화하는 데 있어 우리 중국은 '친(親)'이라는 한 글자를 중시한다. 중국 인민과 아프리카 국민 사이에는 자연스러운 친근감이 존재한다. "인생의 즐거움은 서로 마음을 깊게 이해하는 데 있다." 그렇다면 중국과 아프리카는 어떻게 서로의 마음을 이해할 수 있을까. 이를 위해 중요한 것은 대화를 깊게 하고 실제 행동으로 마음과 마음 사이의 공감대를 형성하는 것이라고 생각한다.

• 2013년 3월 25일, 탄자니아 니에레레 국제회의센터에서 행한 연설에서

출처

인생의 즐거움은 서로 마음을 깊게 이해하는 데 있다.

人生樂在相知心.

• 북송(北宋), 왕안석(王安石)의 《명비곡 2수(明妃曲二首)》 중 제1수

심(知心): 서로 깊이 이해하다.

한 바늘 아래 실은 천 가닥이다

당 간부라면 인민의 민원을 '둥글게 앉아 마치 꽃다발 전달 놀이를 하는 것'처럼 이리저리 돌리고, '공을 패스하듯이' 서로 책임을 미루면서 인민을 문전박대해서는 안 된다. "위에는 바늘이 하나지만 그 밑의 실은 천 가닥"이라는 말처럼 말단 현장의 업무는 번잡하고 변화무쌍하다. 당 간부가 이를 원만하게 처리하기 위해서는 장사단완(壯士斷腕, 독사에 물린 손목을 잘라내는 장수의 용기)의 각오와 끝까지 버틴다는 항심을 갖고 당의 업무에 임해야 한다.

사람들은 저마다 다른 요구와 소망을 갖고 있기 때문에 당 간부는 사람과 정세, 전체적인 국면을 함께 고려해 서비스를 세분화해야 한다. "디테일은 승패를 결정하고, 세심함은 품질을 결정한다"는 말처럼 당 간부는 현장의 국가 대사를 꼼꼼하고 성실하게 최선을 다해 처리해야 한다.

"아이를 말 잘 듣게끔 하려면 자발적으로 할 수 있는 능력을 길러줘야 하고, 간부를 청렴하게 하려면 두려움을 가지게 해야 한다"는 말이 있다. 당 간부는 자신을 엄격하게 단속하면서 사상적으로는 반부패 반변질을 위한 제방을 구축해야 한다.

어떤 면에서 간부와 인민 간의 거리는 바로 '마음'의 거리다. 간부가 인민으로부터 나올 수 있는가의 관건은 다시 인민 속으로 들어갈 수 있는지에 달려 있다. 또한 들어갈 수 있을 뿐만 아니라 안정시킬 수도 있어야 하고, 남아 있을 수도 있어야 좋은 간부다. "민심을 얻는 자는 천하를 얻을 수 있다"는 말이 있지 않은가. 당 간부가 인민과 마음의 공감대를 형성할 수 있을 때 우리 당은 영원한 청춘을 누릴 수 있다.

집안이 화목하면
만사가 흥한다

"집안이 화목하면 만사가 흥한다"는 말이 있다. 아프리카 전역은 운명을 함께하는 하나의 큰 가정이다. 올해는 아프리카 통일 기구(OAU) 설립 50주년으로, 연대와 자강(自强)을 추구하는 아프리카 각국에게는 이정표가 되는 한 해다. 중국은 이를 진심으로 축하하고 아프리카가 연대와 자강의 길에서 한 단계 더 큰 걸음을 내딛고 아프리카의 평화가 새로운 단계로 발전하는 것을 강력히 지지한다.

· 2013년 3월 25일, 탄자니아 니에레레 국제회의센터에서 행한 연설에서

출처

무릇 한 집안이 편안하려면 화기애애해야 한다.

즉, 가정이 화목하면 만사가 흥하는 법이다.

大凡一家人家, 過日子, 息得要和和氣氣. 就是說: 家和萬事興.

· 청대, 오견인(吳趼人)의 《20년간 목격한 괴현상(二十年目睹之怪現狀)》제87회

홍(興): 번창하다.

순금이라는 것은 없다

나라가 화목하면 아무리 강한 적이라도 쉽게 업신여기거나 능멸할 수 없다. 그 이유는 상하가 단결되어 있어 그 역량이 매우 강해졌기 때문이다. 작게는 가정에서 시작하여 회사, 사회단체, 그리고 크게는 나라가 화목하면 흥성하지 못할 리가 없다.

반면 단결하지 않으면 기풍이 바르지 않고, 기풍이 바르지 않으면 분위기가 바르지 않고, 분위기가 바르지 않으면 심기가 불편하며 힘이 부족하고, 힘이 부족하면 일이 성사되기 어렵다.

당 간부가 우수한 인격과 품행, 양호한 도덕과 수양을 가지게 되면 사람 됨됨이와 일 처리에서 타인에게 영향을 미치고 이끌 수 있다. 곧 '소리 없는 것이 소리 있는 것보다 나은' 효과를 낳을 수 있다. 따라서 당 간부가 단결과 조화의 의식을 증강하려면 자신의 인격 품행을 높이고 도덕과 수양의 단련을 반드시 중시해야 한다.

"금은 순금이 없고, 사람 또한 완벽한 사람이 없다"는 말이 있다. 사람마다 자기의 특성과 개성이 있기 때문에 자신의 호불호(好不好)를 기준으로 남의 특성과 개성을 결함으로 여기지 말아야 한다. 너그럽고 포용하는 마음으로 동료를 대하며 입장을 바꿔 의견 차이를 인정해야 한다.

물론 포용을 말할 때 원칙이 없거나 무골호인(無骨好人)이 되어야 하는 것은 아니다. 큰 일에는 원칙을 따지고 작은 일에서는 스타일을 따져야 단결, 우호, 상호 지지의 조화로운 분위기를 조성하는 데 도움되고, 더 나아가 사회 발전을 이끌 수 있다. 마음에 거리낌이 없고, 너그러우며, 넓은 도량은 당원이 갖춰야 할 덕목이다.

신발은 신어봐야
맞는지 안다

오늘날 인류는 과거 어느 시기보다 평화와 발전이라는 목표를 향해 나아가기에 좋은 환경을 갖추고 있다. 여기에서 협력과 상생은 이 목표를 실현하기 위한 현실적 수단이다. 따라서 세계 운명은 각국 국민의 공동 노력에 달려 있다. "신발이 맞는지 안 맞는지 여부는 자신이 신어봐야 알 수 있다." 각국의 주권 범위 안에 있는 사안은 각국 정부와 국민이 결정하고, 지구촌의 일은 각국 정부와 국민이 같이 상의하여 처리해야 한다. 이것은 국제사회 업무처리의 민주적 원칙이고 국제사회가 다 함께 준수해야 하는 것이다.

• 2013년 3월 23일, 모스크바 국제관계학원에서 행한 연설에서

출처
신발이 발에 맞고 안 맞고는 자신이 직접 신어봐야 알 수 있다.
鞋子合不合脚, 自己穿了才知道.

• 현대 민간 속담

인민의 언어로 소통하라

유물 변증법은 우선 세계는 물질로 이루어져 있고, 물질은 근원적인 것이며, 의식은 부차적인 것임을 주장한다. 따라서 신발을 신기전에 사람의 의식은 눈과 손의 측량으로 신발이 발에 맞는지를 판단한다. 하지만 이러한 판단은 종종 비현실적인 것이라서 발을 통해 실천해야 그 정확한 답을 찾을 수 있다.

당 간부가 현실을 파악하기 위해 인민과 의사소통 및 교류를 진행할 때는 다음과 같이 해야 한다.

첫째, '관료 티'를 내지 말고 말단 현장과 실제 상황에 깊이 들어가야 한다. 인민의 목소리를 경청해야 인민의 진정한 감정을 제대로 이해할 수 있다.

둘째, 인민과 평등하게 대화해야 한다. 특히 인민과 의사소통할 때 자신의 생각이나 견해와 다르더라도 상대방을 포용하는 아량이 필요하다. 사실을 열거하고 도리를 따져 효율적인 의사소통이라는 목적을 이루도록 해야 한다.

'신발이 맞는지 안 맞는지 여부는 자신이 신어봐야 알 수 있다'는 말은 통속적인 표현으로 인민이 쉽게 이해할 수 있을 뿐만 아니라 두고두고 기억할 수 있어서 효율적인 의사소통의 효과를 쉽게 거둘 수 있다.

인민의 언어는 생생하고 신선하기 때문에 배울 필요가 있으며, 당 간부들은 인민에게 익숙한 언어로 인민과 소통하는 게 좋다. 그래야만 인민은 당 간부가 전심전력으로 인민을 위해 일한다는 것을 느낄 수 있고, 간부와 인민 간의 상호 이해와 감정은 한층 더 깊어질 수 있다.

만 권의 책을 읽고
만 리 길을 다닌다

여행은 문명을 전파하고 문화를 교류시키며, 우정을 증진시키는 교량으로서 인민의 생활수준을 높이는 중요한 지표 가운데 하나다. 여행은 종합적인 산업이기에 경제 발전을 이끄는 중요한 원동력이 된다. 한편 여행은 몸과 마음을 수양하는 수단이기도 하다. 중화민족은 예부터 여행과 독서를 결합해 "만 권의 책을 읽고 만 리 길을 다닌다"는 선현들의 지혜를 숭상했다.

- 2013년 3월 22일, 러시아에서 열린 '중국 여행의 해' 개막식 축사에서

출처

만 권의 책을 읽고 만 리 길을 다닌다.

讀萬卷書, 行萬里路.

- 당대(唐代), 두보(杜甫)의《위 좌승 어른께 올리는 22운의 시(奉贈韋左丞丈二十二韻)》

만 권(萬卷): 고대 황제의 시험을 가리킨다.

벼슬이 높지 않은데 콧대는 결코 낮지 않다

많은 사람이 "만 권의 책을 읽고 만 리 길을 다닌다"는 말을 좌우명으로 삼고 있다. 이 말에는 많이 독서하고 두루 여행하며 견문을 넓혀 성공을 거두라는 격려의 뜻이 담겨 있다. 당 간부가 만 권의 책을 읽는다는 것은 인민과 의사소통을 잘하고, 인민을 위한 업무 처리 능력을 키우며, 그 습득한 지혜를 실천에 옮기기 위해서다.

실천 과정에서는 만 리 길을 여행하는 것처럼 말단 현장 속에까지 깊숙이 들어가 인민과 친해져야 한다. 인민을 스승으로 모시고 그들의 선진적 경험과 좋은 의견을 배우고 수렴해 그들의 근심과 걱정을 해소하는 데 노력해야 한다.

당 간부는 책을 가까이해야 한다. 고전은 물론 신간 서적에도 많은 관심을 기울여야 한다. 특히 우리가 현재 직면하고 있는 새로운 문제와 긴밀히 관계된 책들에 주목해야 한다. 독서란 때론 구체적인 업무상 필요에 의해 하기도 하고, 때론 오롯이 자신의 인격 수양과 교양을 위해 자발적으로 하기도 한다.

당 간부라면 부지런히 길을 걸어야 한다. 수시로 말단 현장에 내려가 민심을 세심하게 살피고, 심지어 사무실을 말단 현장으로 옮기기도 해야 한다. 말단 현장에서 일한다는 것은 인민과의 관계를 긴밀히 하고 실제 상황을 잘 파악해 올바른 의사결정을 내리기 위해서다.

그런데 일부 해이해진 간부들은 우월감에 사로잡혀 관료적인 말투로 관의 위력을 과시하는 것을 일삼아 인민들로부터 "벼슬이 높지 않은데 그 콧대는 결코 낮지 않다"는 비판을 받는다.

군자의 한마디는
되돌릴 수 없다

중국은 이미 여러 번 국제 사회에, 평화 발전 도상에서 흔들림이 없고 영원히 패권을 추구하지 않으며 영토를 확장하지 않겠다고 진지하게 약속한 바 있다. 중국에는 "군자의 말 한 마디는 되돌릴 수 없다"는 말이 있다. 우리 중국인은 말을 했으면 그 말에 책임을 지는 사람들이다. 중국이 자신이 한 말을 꼭 지킨다는 것은 실천에 의해 이미 증명되었다. 우리는 세계 각국이 모두 평화적 발전의 길을 추구하고 세계 평화와 발전을 위해 공동으로 노력하기를 희망한다.

• 2013년 3월 19일, 브릭스(BRICS) 국가 언론들과의 인터뷰에서

출처

군자의 말 한마디는 사두마차로도 쫓아가기 어렵다.

君子一言, 駟馬難追.

• 춘추시대(春秋時代), 공자의 《논어(論語) · 안연(顏淵)》

말에는 행동이 따라야 한다

당 간부의 말은 무조건 신용이 있어야 한다. 당 간부의 약속과 지시는 개인적인 일이 아니고 정부의 입장을 대표하는 것이다. 따라서 정부가 공신력을 갖기 위해서는 '한번 약속은 천금과도 같다'는 원칙을 충실히 지켜야 한다.

또 모든 일에서 말을 했으면 행동하고 행동했으면 결과를 이끌어내야 한다. 인민의 하소연 앞에서는 흔쾌하게 약속한 뒤에 현장을 떠나면 곧 망각하거나 전혀 관심을 두지 않을 경우, 인민은 정부와 공직자를 신뢰하지 않는다.

이를테면 인민은 왜 '이' 당 간부의 언행을 늘 믿지 않을까? 또한 왜 '이' 당 간부는 인민의 진짜 속내와 이견을 듣지 못할까? 이런 비정상적인 현상이 나타나는 원인은 신용 없이 말하거나 믿음직스럽게 일 처리를 못하기 때문이다.

그저 쇼나 연출하고 공수표만 남발하는 등 직무유기를 범하는 업무 풍조 때문에 인민의 기대와 신임을 저버려 인민에게 소외당하고, 심지어 기만의 대상이 되기도 한다. 인민의 신뢰를 얻으려면 '문턱이 높고 얼굴 보기 힘들며 일 처리하기 어렵다'는 인민의 불만부터 해소해야 한다.

고대 진(秦)나라의 정치가 상앙(商鞅)은 법을 믿게 만들려고 "큰 통나무를 옮기면 상금을 준다"고 했다. 당시 상앙은 상금 50금을 주고서야 비로소 이를 시도하는 사람을 찾을 수 있었다. 약속이 꼭 실천될 때 인민의 신뢰를 살 수 있다.

살얼음 위를
걷는 듯이 하라

인민이 나를 이 자리에 앉힌 것은, 늘 인민을 내 마음속의 가장 높은 곳에 두고 인민의 중대한 부탁과 태산보다 무거운 책임을 잘 명심하라는 의미라고 생각한다. 이렇게 큰 국가, 이렇게 많은 인민, 이렇게 복잡한 국정이기에, 지도자가 된 사람이라면 국가 상황을 깊이 이해하고 인민이 생각하고 바라는 바를 깊이 이해해야 한다. "살얼음 위를 걷는 듯하고 깊은 못에 임한 듯해야 한다"는 마음가짐과 "작은 생선을 굽는 것과 같이 대국을 다스려야 한다(治大國如烹小鮮)"는 태도를 갖고 조금이라도 소홀히 하지 않으며, 주야를 가리지 않고 근면하게 일해야 한다. 인민은 우리 당의 힘의 원천이다. 인민과 동고동락하고 단결해 열심히 노력한다면 극복 불가능한 일도 완성 불가능한 임무도 없을 것이다.

• 2013년 3월 19일, 브릭스 국가 언론들과의 인터뷰에서

출처

전전긍긍하고, 깊은 못에 임한 듯하며, 살얼음 위를 걷는 듯하다.
戰戰兢兢, 如臨深淵, 如履薄冰.

• 동주(東周)－춘추시대, 공자 편집의《시경(詩經)·소아(小雅)·소민(小旻)》

임(臨): 가까이하다.
연(淵): 깊은 못.
이(履): 밟다.

위기의식은 발전의 원동력이다

오늘날 당 간부들은 각종 유혹에 직면해 있기 때문에 살얼음판을 걷듯 두려움을 갖고 위기의식을 부단히 키워야 한다. 늘 자기를 단속하고 경계하며 반성해야 하고, 당의 취지를 명심해 '당을 바로 세워 공익에 이바지하고 인민을 위해 일한다'는 원칙을 견지해야 한다.

위기의식은 중화민족이 분투노력하는 과정에서 형성된 중국 전통문화의 핵심이고, 중화민족을 지속적으로 발전시키는 원동력이자 당 간부에게 필수적인 사상적 수양이기도 하다.

당 간부로서 위기의식을 키우면, 자신의 실제 상황을 파악하고 발전 과정에서 직면하는 도전과 위기를 인식하는 데 도움이 된다. 그래야 갈등을 해소하고 어려움을 극복하는 방법을 찾을 수 있다. 위기의식은 또 우리가 책임감과 사명감을 높이고 분발해 뭔가를 성취하는 마음 상태를 유지하는 데도 도움이 된다.

이론과 정치적 성숙도는 업무 성공을 위한 기반이다. 당 간부는 스스로 부족함을 용감하게 직시하고 지식 쌓기를 가속화하여 지식 저장고를 풍부히 채워야 한다. 우리는 당의 노선, 방침, 정책을 지역의 실제 상황과 잘 결합해 그에 맞는 업무를 창조적으로 전개해야 한다.

새 시대를 맞아 당 간부는 '목이 쉬도록 외치는' 지휘관이 되어야 할 뿐만 아니라 '손발을 걷어붙이고 힘껏 일하는' 실무자 역할도 수행해야 한다. 당 간부가 위기의식을 키우고 자신의 업무 기풍을 착실하게 전환시켜야만 중화민족의 부흥이라는 위대한 목표를 달성할 수 있다.

불철주야 공무에
힘써라

나는 국가 주석이라는 숭고한 직무를 맡은 것이 영광스러운 사명이자 중대한 책임임을 잘 알고 있다. 나는 헌법이 부여한 직책을 충실히 이행하고 조국과 인민에게 충성하며 나의 직무를 신중하고 진지하게 이행할 것이다. 또한 '불철주야 공무 (公務)에 힘쓰고' 인민을 위해 봉사하며 나라를 위해 힘쓸 것이다. 그리고 인민의 감독을 자발적으로 받아들여 각 대표 여러분과 인민 전체의 기대를 결코 저버리지 않을 것이다.

• 2013년 3월 17일, 제12차 전국인민대표대회 1차 회의 석상에서

출처

여러 장식으로 단정히 하고
이른 아침부터 밤늦게까지 공무에 힘쓴다.
被之僮僮, 夙夜在公.

• 동주(東周), 공자 편집의《시경(詩經)·소남(召南)·채번(采繁)》

피(被): '피(皮)'와 같은 의미로 여자가 착용하는 장식품을 말한다.
동동(僮僮): '동동(童童)'과 같은 뜻으로 장식품이 많음을 의미한다.
숙야(夙夜): 아침과 저녁.

기꺼이 아이들의 소가 되라

"군중은 당원을 보고 당원은 간부를 본다"는 말이 있다. 즉, 간부의 말과 행동거지는 군중에게 모범을 보이고 그들을 이끄는 효과를 가진다는 의미다. 특히 고급 당 간부라면 공명정대한 양심과 숭고한 행동, 건강한 정서, 넓은 마음을 갖고 있어야 한다. 천하의 백성을 마음에 담겠다는 역사적 책임감이 필요하다.

또한 처세에 있어서 거짓 없이 솔직하고 너그러운 마음으로 사람을 대하며 자신을 엄격하게 단속해야 한다. '불철주야 공무에 힘쓰기' 위해서는 갈증 난 사람처럼 학습에 노력하고 실력을 쉴 새 없이 키워야 한다.

깊이 있는 역사 인식, 백과사전과 같은 넓은 식견, 그리고 업무에 대한 지식을 부단히 배양해야만 탁월한 사상, 소신 있는 발언, 명쾌한 행동, 날카로운 업무 분석을 지닌 간부가 될 수 있다. 또 "머리를 숙이고 기꺼이 아이들의 소가 되리라"는 정신을 갖고 착실하고 진지하게 일하며 봉사해야 한다.

항상 공평하고 공정한 태도를 견지하며 진실한 말과 솔직한 말을 용감하게 해야 한다. 무턱대고 맹종하거나 오로지 상부의 말만 따라서는 안 된다. 사실을 존중하고 원칙, 정책, 절차에 따라 엄격하게 업무를 처리해야 한다.

근거 없는 말 때문에 엉뚱한 데 정신 팔지 말고, 어려움과 좌절 때문에 기죽지 말 것이며, 저항과 방해 때문에 물러서지 말고, 정정당당하게 업무를 처리해야 한다. 특히 공을 세우고 업적을 달성하는 과정에서 인생의 가치를 느끼고 지도자와 간부, 인민 모두를 만족시키는 과정에서 자기 인생의 가치와 목표를 실현시켜야 한다.

사업이 번창함은
오직 근면함에 달려 있다

"공적을 높임은 오직 뜻에 달려 있고, 사업이 번창함은 오직 근면함에 달려 있다"는 말이 있다. 중국은 사회주의 초급 단계에 놓여 있고, 또한 장기적으로도 그러할 것이다. '중국꿈'을 이루고 전 인민의 생활을 보다 나아지게 하기 위해서는 우리 책임이 막중하고 그 길은 멀다. 따라서 우리 모두가 근면해야 하고 이를 위해 계속 노력해야 한다.

- 2013년 3월 17일, 제12차 전국인민대표대회 1차 회의 폐막식에서

출처

공적을 높임은 오직 뜻에 달려 있고,
사업이 번창함은 오직 근면함에 달려 있다.

功崇惟志, 業廣惟勤.

- 춘추시대(春秋時代), 공자의 《상서(尚書)·주서(周書)》

어려움 앞에서 머리를 숙이지 마라

위대한 업적은 위대한 포부를 가지고 부지런히 일해야 이룰 수 있다. 당 간부라면 직책에 충실하고 정무에 부지런해야 한다. '각자 위치에서 맡은 직무를 충실하게 집행하는 일'은 당 간부에게 가장 기본적으로 필요한 사항이다.

당 간부는 자신의 공복 신분을 명심하고 인민에 대한 봉사자라는 업무 특성을 실천해야 하며, 승려들이 매일 '나무아미타불'을 외듯이 매일 '나는 인민의 봉사자'라고 외워야 인민의 신뢰를 얻고 인민에게서 존중받을 수 있다.

현재 당 간부의 전반적인 상황은 좋지만 아직도 일부 간부의 부패와 업무 풍조 문제는 상당히 심각하다. 어떤 간부는 인민이 부여한 권한을 이용해 권력과 금전, 여색을 한데 뒤섞어 잘못을 저지르다 신세를 망치고 가산을 탕진하며, 심지어 가정이 파괴되어 가족을 죽게 만들었다. 상황이 이렇게 된 것은 당 간부의 초심이 변질되고 권력에 대한 외경심을 잃어 인민의 더위와 추위, 고통에 대해 무관심해졌기 때문이다.

당 간부는 당 업무의 경작자이자 개척자이기 때문에 갈등 앞에서 우회하지 말고 문제 앞에서 움츠러들지 않으며 어려움 앞에서 머리를 숙이지 말아야 한다. 최근 건설과 발전의 새로운 국면에서 기회와 도전이 병존하는데, 당 간부는 마땅히 높은 포부를 품고 부지런히 일해 인민을 중국꿈으로 인도해야 한다.

3
_____

관료로서 **지켜야** 할 법은 청렴, 신독, 근면이다

자신의 어리석음으로
남을 밝게 만들려 마라

업무 풍조를 전환해 좀 더 공부하고 생각하며, 가치 없는 교제나 형식적인 일은 좀 더 적게 해야 한다. 오늘날 어떤 간부는 학습에 게을리하고 노는 분위기에만 젖어 있다는 말이 들려온다. 이는 '자신의 어리석음으로 남을 밝게 하려는' 행동으로, 이런 말을 들으면 곤란하다. 일상 업무나 큰 일에 오점을 남길 수 있기 때문이다. 학습에 관심을 두지 않고 업무에만 집중하면 사상이 경직되거나 통속화되기 쉽다. 학습할 때는 마음을 가라앉힐 필요가 있고 항심을 갖고 깨달아 능통해지는 게 중요하다. 들뜬 마음으로 좀 시도하다가 중단하거나 대략적인 뜻만 파악하고 깊이 파고들지 않거나 하면 안 된다. 고급 간부는 학습을 아주 중요한 위치에 두어야 하고 갈증 난 것처럼 학습해야 한다. 하루에 30분이라도 시간 내어 몇 페이지만 읽더라도 그 습관을 계속 이어나가면 티끌 모아 태산이 된다. 반걸음씩 꾸준히 걸으면 천 리를 갈 수 있다.

• 2013년 3월 1일, 중앙당교 개교 80주년 기념대회 석상에서

출처

자신이 어둡고 어리석은데 남을 가르쳐 밝게 만들려 한다.

以其昏昏, 使人昭昭.

• 전국시대(戰國時代), 맹자(孟子)의 《맹자·진심 하(盡心下)》

혼혼(昏昏): 아둔하다.

소소(昭昭): 명백(明白)하다, 밝다.

담당 분야에서 복을 지어라

당 간부의 업무 풍조가 좋으냐 나쁘냐에 따라 사업의 성패가 결정된다. 따라서 당 간부는 나쁜 습성을 자발적으로 제거해야 한다. 자신도 잘 이해하지 못하면서 다른 사람을 가르치거나 지휘하려 든다면 개혁개방과 사회주의 현대화 건설의 지도자라는 중대한 임무를 떠맡을 수 없다.

당 간부로서 어떤 한 자리를 맡았다면 그 맡은 분야에 복을 지어야 한다. 업무 태도가 오만하고 난폭하면 인민의 인정을 받을 수 없음은 이미 증명되었다.

당나라 위징(魏徵)이라는 사람은 "물은 배를 띄울 수도 뒤집을 수도 있다"라 말한 바 있다. 인민의 머리 위에 앉아 권세를 부리는 당 간부는 당 규율의 엄격한 징벌과 인민의 혐오를 받을 수밖에 없다.

간부들의 의기소침함은 곧 자신감 결여와 함께 확신이 없다는 구체적 표현이다. 이렇다면 자연히 업무에 소극적이고, 뜻밖의 부작용과 역효과까지 낳을 수 있다. 고급 간부는 활력과 열정을 좀 더 가지고 있어야 한다. 매사 고양된 자세로 주동자가 되어서 군중의 힘을 결집해 하나의 큰 물결처럼 도도히 앞으로 흘러가야 한다.

당 간부는 부단히 학습을 해야 한다. '뭔가 다른 업무를 맡으면 그에 필요한 뭔가를 배워야 하고, 뭔가 부족하면 그 뭔가를 채워야 한다'는 원칙을 반드시 견지해야 한다. 지속적인 학습으로 자신의 집정 능력을 높여, 터무니없이 지휘하는 문외한이 아닌, 업무를 잘 이해하고 관리를 잘하는 숙련된 지도자가 되도록 노력해야 한다.

교만하면 손해를 부르고
겸손하면 이익을 얻는다

"교만하면 손해를 부르고 겸손하면 이익을 얻는다"는 말이 있다. 중국은 비록 전 세계 사람들이 주목할 만한 발전과 성과를 이뤘지만, 여전히 발전도상국이며 일련의 심각한 도전에 직면해 있다. 다시 말해 직시하고 해결해나가야 할 문제가 적지 않다. 따라서 우리는 과도하게 자신을 낮추거나 지나치게 잘난 척하지도 않으면서 세계 각국 국민이 창조한 우수한 문명 성과를 더욱 배우고 흡수해 그 장점을 취하고 우리의 단점을 보완해야 한다. 외국인 전문가와 우수한 인력들이 각종 방식으로 중국 현대화 건설에 참여하는 것을 환영한다. 여러분이 중국에 와서 창업하거나 발전하는 것을 예전과 다름없이 지원할 계획이다.

- 2012년 12월 5일, 외국인 전문가 대표와의 좌담회에서

출처

교만하면 손해를 부르고, 겸손하면 이익을 얻는다.

滿招損, 謙受益.

- 춘추시대(春秋時代), 공자의 《상서(尚書)·대우모(大禹謨)》

만(滿): 교만하다, 자만하다.

초(招): 초래하다.

겸(謙): 겸손하다.

인민 앞에서 초등학생이 되라

교만하여 스스로 흡족히 여기면 화근을 초래할 수 있고, 겸손하고 신중하면 이익을 볼 수 있다. 즉, 겸손해야 새로운 것을 부단히 배울 수 있고 새로운 지식을 학습할 수 있다는 말이다.

당 간부는 자신을 정확히 평가하고, 개인의 정치적 발전과 업적이 조직의 배려와 동료들의 도움 없이 이룰 수가 없음을 충분히 인식해야 한다. 또한 절대 교만해서는 안 되며, 공은 자신에게 돌리고 과실은 남에게 전가하는 처신을 하지 말아야 한다.

타인의 장점을 많이 배워 자신에게 부족한 점을 보완해야 한다. 다른 사람이 진실을 말하고 다른 견해를 제기할 수 있도록 하고, 우호적인 비판을 통해 자신의 오류를 수정하며, 상이한 견해를 통해 자기 안목과 사고의 지평을 넓혀야 한다.

'집단 지도, 민주 집중, 개별적으로 생각 가다듬기, 회의를 통한 결정'이라는 방침에 따라 지도부의 의사결정 절차와 업무 시스템을 확립하고 민주성을 드높여야 한다. 즉, 여러 사람의 지혜를 모아 과학적이고 민주적이며 법률에 따라 의사결정을 함으로써 효과적이면서도 독단이 아닌 결정을 하도록 해야 한다.

당 간부는 인민을 스승으로 모셔야 한다. 즉, 인민 앞에서 '초등학생'이 되어야 한다. 처음부터 지역 사회와 농가 등 말단 현장에 내려가 '관리 티'를 내지 않으면서 마치 집안 이야기를 나누듯 편안하게 인민과 대화해야 한다. 관료 냄새를 제거하고 흙내를 풍기면서 인민 속에 깊이 파고들어 '친민(親民)'의 이미지를 만들어야 한다.

남을 금하려면
자신부터 금해야 한다

업무 풍조 개선은 아주 중요한 의무로, 당 중앙의 '8항 규정'
은 하나의 접점이자 동원령이다. '8항 규정'은 최고 기준도
최종 목표도 아니고, 우리가 업무 풍조를 개선하기 위한 첫
걸음이자 당원으로서 해야 할 기본 요구일 뿐이다. "남을 금
하기 좋아하는 이는 자신부터 금지된 행동을 하지 말아야 한
다." 그래야 다른 사람에게 요구할 수 있다. 각급 당 간부는
솔선수범하고 말한 대로 행하며 약속한 대로 지켜야 한다. 모
든 업무를 알뜰하게 추진하며 겉치레를 따지지 말아야 한다.

• 2013년 1월 22일, 제18차 중앙기율위원회 2차 전체회의에서

출처

남에게 금지령 내리기를 좋아하는 사람은
먼저 자신에게 금지령을 내리고
그 후 남에게 금지령을 내려야 한다.

善禁者, 先禁其身而後人.

• 동한(東漢), 순열(荀悅)의 《신감(申鑒)·정체(政體)》

금(禁): 금지 명령.

천둥만 치고 비는 오지 않는가

일부 지역의 당 간부는 이런저런 규정을 잘 만들어내는데, 이런 풍조는 막 부임한 고급 간부에게서 유독 두드러진다. 문제는 그들이 연구하고 제정한 규정이 실현 가능성을 갖추고 있기는 하지만 관철시키고 집행하지 못하는 바람에 제대로 결실을 맺지 못하고 끝난다는 것이다.

그 이유는 스스로 뚝심이 부족하거나 특권 의식에 사로잡혀 솔선수범하지 못하고 남에게만 요구하고 정작 자신은 수행하지 못하기 때문이다. 그 결과는 누구나 쉽게 상상할 수 있다. 따라서 각급 당 간부는 스스로 앞장서는 자세를 견지해 굳이 명령하거나 거듭 말하지 않아도 인민이 따를 수 있게끔 만들어야 한다.

당 간부는 언행일치를 중시해야 한다. 말만 하고 행동하지 않으면 신용 없는 사람이 된다. 이는 곧 자질이 부족하다는 의미이기 때문에 그대로 계속되면 인민 앞에서 위엄을 갖추기 어렵다.

실제로, 우리는 일부 간부가 공허한 담론을 끊임없이 늘어놓거나 조리 있게 규정을 말하긴 했지만 그대로 일하지 않는 것을 자주 본다. 이는 마치 '속으로는 남쪽으로 가려 하면서 수레는 오히려 북쪽으로 모는' 식이거나, '마른천둥만 치고 비는 오지 않는' 거와 같다.

만약 이런 식으로 오랫동안 계속 행동하면 사회적 기풍은 흔들리고 인민의 신뢰를 잃을 것이다. 따라서 당 간부는 말과 행동에 각별히 조심하며 한번 한 말은 반드시 지키고 실제적인 행동을 취함으로써 인민의 신뢰를 사고 위신을 지켜야 한다.

사물은 썩은 뒤에야
벌레가 생긴다

당 간부의 부패를 척결하고 청렴을 제창하는 것은 인민이 주목하는 중요한 정치적 문제다. "사물은 썩은 뒤에야 벌레가 생긴다"는 말이 있다. 최근 일부 국가는 장기적으로 축적된 갈등 때문에 인민의 원성이 들끓고 사회가 뒤숭숭해지며 정권이 무너지기도 했다. 부패는 이런 국가들이 겪는 혼란의 아주 중요한 원인 가운데 하나였다. 또한 다른 많은 사실이 우리에게 부패 문제가 점점 더 심해지면 결국 당과 국가가 망할 수밖에 없음을 말해주고 있다.

- 2012년 11월 17일, 제18차 당 중앙정치국 제1차 집단학습에서

출처

물건은 반드시 먼저 썩은 뒤에야 벌레가 생기는 법이다.

物必先腐, 而後蟲生.

- 북송(北宋), 소식(蘇軾)의 《범증론(範增論)》

부(腐): 썩다.

파리는 틈이 없는 달걀엔 꼬이지 않는다

사람이 병에 걸리는 것은 병균과 바이러스 때문이기도 하지만 더 큰 이유는 몸 자체에 문제가 생겼기 때문이다. 병독(病毒)은 외부 세계에 존재하고 아주 무섭지만 항균과 항독 능력이 강한 신체 안에서는 생존하기 어렵다. 반면에 신체의 면역력과 저항력이 떨어지면 병균이 바로 그 빈틈을 타고 들어와 질병을 초래한다. 사물의 발전 과정에서 외적 요인은 변화의 조건이고 내적 요인은 변화의 근거다. 내부 요인은 사물의 변화에 있어 첫 번째 요인이고, 외부 요인은 사물의 변화를 가속화하거나 늦추는 역할을 담당한다.

이것은 당 간부가 자신의 면역력을 키워야 하는 것과 동시에 당이라는 조직체를 굳세게 만들어야 할 필요성을 일깨워준다. "사물은 먼저 썩고 나서야 벌레가 생긴다"는 말은 관료 부패의 일반적인 규칙을 정곡으로 찌르고 있다.

파리는 틈이 없는 계란에 꼬이지 않는 법이다. 일부 당 간부가 달콤한 속임수에 빠져 물욕과 탐욕의 포로가 됐다는 것은 대체로 당의 이념에 대한 확신 부족과 책임 의식이 결여되어 자가 면역력이 떨어졌다는 것을 말해준다.

청렴한 정치를 구현하고 통치 능력을 높이기 위해서는 당 간부 스스로 자제하고 청렴하며 공정하게 관료 노릇을 해야 할 뿐만 아니라 각급의 당과 정부 부서 또한 최선을 다해 조직을 관리해 정치가 맑아지도록 만들어야 한다. 이를 위한 관건은 관료를 엄격하게 다스리는 데 있다. 명확한 입장을 갖고 부패가 있으면 무조건 때려잡아야 한다.

세 사람이 길을 걸으면
그 가운데 반드시 스승이 있다

여러분은 장기간 중국에서 일하며 중국의 발전과 진보를 위해 중요한 공헌을 했다. 여러분에게, 그리고 여러분을 통해 중국의 현대화 건설을 주목하고 지지하는 각국 친구들에게 진지한 감사의 말을 전하고 싶다. 공자는 "세 사람이 길을 걸으면 그 가운데 반드시 나의 스승이 될 만한 사람이 있다"고 말했다. 오늘 이 좌담회에서 나는 주로 여러분의 견해를 듣고 싶다.

- 2012년 12월 5일, 외국인 전문가 대표와의 좌담회에서

출처

세 사람이 길을 걸으면
그 가운데 반드시 나의 스승이 될 만한 사람이 있다.
三人行, 必有我師焉.

- 춘추시대(春秋時代), 공자의 《논어(論語)·술이(述而)》

삼(三): 숫자 3을 말하는 게 아니라 허수로서 많은 사람을 가리킨다.
언(焉): 있다.

공부의 지름길은 스승을 모시는 것이다

배우고 익힘에서 중요한 것은 사람 개개인을 존중해야 한다는 점이다. 이 존중은 교제의 전제가 된다. 존중하는 마음 없이 어떻게 스승으로 모신다고 말할 수 있겠는가. 또한 공부를 말할 수 있겠나. 자신의 부족함을 인식한다는 것은 좋은 일이고, 그 부족함을 메우기 위한 지름길로 '스승을 모시는 것' 또한 좋은 일이다.

당 간부는 학습을 하나의 습관으로 만들어야 한다.

첫째, 책을 통해 공부해야 한다. 즉, 전문 지식을 강화해 당 간부로서의 정치적 소양과 업무적 소양을 높이고, 시야를 넓혀 시대의 흐름에서 뒤처지지 않아야 한다.

둘째, 인민과 동료, 지도자에게서 배워야 한다. "세 사람이 길을 걸으면 그 가운데는 반드시 자신의 스승이 될 만한 사람이 있다"는 말처럼 고급 당 간부라 할지라도 자세를 낮춰 인민으로부터 배워야 한다. 체면을 내려놓고 동료에게 배우며, 용기를 내서 지도자로부터도 배워야 한다.

셋째, 청렴을 견지하고 엄격하게 자신을 단속해, 넘지 말아야 할 선을 잘 지켜야 한다. 당 간부로서 청렴하고 엄격하게 자신을 단속한다는 것은 우리에게 주어진 가장 기본적인 요구다. 자기 경계를 통한 단속뿐 아니라 인민의 감독을 적극적으로 받아들여야 한다.

재물과 부귀로도 미혹시킬 수 없고, 가난으로도 바꿀 수 없으며, 무력으로도 굴복시킬 수 없는 마음 자세를 굳건히 지녀, 각종 나쁜 풍조를 철저히 막고 바람직한 당풍, 정풍, 사회적 기풍을 이끌어내야 한다.

천하의 근심을
먼저 걱정하라

장구한 중국 역사에서 어질고 지조 있는 선현들이 정신을 고양시킬 만한 말을 많이 남겼다. 공자는 "아침에 도를 들으면, 저녁에 죽어도 여한이 없다(朝聞道 夕死可矣)"했고, 맹자는 "재물과 부귀로도 그 마음을 미혹시킬 수 없고, 가난으로도 그 마음을 바꿀 수 없으며, 무력으로도 그 마음을 굴복시킬 수 없다(富貴不能淫 貧賤不能移 威武不能屈)"고 했다. 범중엄(範仲淹)은 "천하의 근심은 먼저 걱정하고, 천하의 즐거움은 나중에 즐기라"일렀고, 문천상(文天祥)은 "자고로 사람은 다 죽는 법, 충심을 역사에 길이 남기리(人生自古誰無死 留取丹心 照汗青)"라 읊었다. 고염무(顧炎武)는 "천하의 흥망은 필부도 책임이 있다(天下興亡 匹夫有責)"했고, 임칙서(林則徐)는 "진실로 나라에 좋기만 하다면 내 목숨을 기꺼이 내놓을 것이며, 어찌 화를 피하고 복을 쫓겠는가(苟利國家生死以 豈因禍福避趨 之)"라고 말했다. 또 추근(秋瑾)은 "과거의 성패, 순조로움과 난관을 따지지 않고 철석같은 의지와 희생정신으로 조국에 보답하겠다"며 굳센 기개를 드러냈다.

• 2011년 9월 5일, 중앙당교 가을학기 개강식에서

출처

천하 백성의 근심은 내가 먼저 걱정하고
천하 백성의 즐거움은 백성이 다 즐기고 난 뒤에 즐기라.
先天下之憂而憂, 後天下之樂而樂.

• 북송(北宋), 범중엄(範仲淹)의 《악양루기(岳陽樓記)》

소아를 버리고 대아를 취하라

무릇 관리는 '부모관'(父母官, 백성을 직접 다스리는 지방 장관에 대한 존칭)으로서 천하의 백성이 걱정하기에 앞서 걱정하고, 천하의 백성이 모두 즐거움을 누린 다음에 즐거워해야 한다. 즉, 고생은 남보다 먼저하고 누리기는 남보다 뒤에 해야 한다. 당 간부는 이같은 자기희생 정신으로 소아(小我)를 버리고 대아(大我)를 취해야 한다.

옛 소련의 저명한 교육가 미하일 칼리닌은 자신의 행복을 일구는 장인과 창조자가 되려면 전체 노동자와 농민의 행복을 위한 장인과 창조자가 되어야 한다고 말했다. 전체를 위한 행복을 앞세웠을 때 비로소 자신도 행복하다는 것이다.

중국 공산당은 인민의 근본 이익을 대표한다. 따라서 당과 정부의 의사결정은 인민의 입장에 서서 진행되어야 한다. 즉, 인민보다 먼저 걱정하고 인민이 즐기고 난 뒤에 즐겨야 한다.

당 간부는 국가와 민족의 이익을 맨 앞에 두고 조국의 미래와 운명을 근심하며 천하 백성의 행복을 위해 피와 땀을 흘려야 한다. 그런데 일부 당 간부는 물질의 유혹과 향락에 빠져 인민에 대한 근심을 잊었다.

이런 현실을 바꾸기 위해서는 우선 당 간부의 소양을 종합적으로 높여야 한다. 그리고 인민과 굳건하면서도 긴밀한 관계를 유지해야 한다. 마지막으로 법률에 따른 행정 업무 처리를 강화하고 청렴과 멸사봉공에 힘쓰며 인민을 위해 봉사한다는 의식을 높여야 한다.

나랏일을 위해
집안일을 잊다

가의(賈誼)는 "나랏일을 위해 집안일을 잊고 공적인 일을 위해 사적인 일을 잊는다" 말했고, 제갈공명(諸葛孔明)은 "나라를 위해 죽을 때까지 몸과 마음을 다 바쳐 일한다"고 했다. 우리는 이처럼 중화민족 대대로 어질고 지조 있는 선현들의 인생 역정과 천고에 전해지는 시와 문장 등을 통해 위대한 민족정신과 고상한 사회 기풍, 그리고 국가를 다스리는 정치 도리에 대한 사상적 정수를 확실히 느낄 수 있다.

• 2011년 9월 5일, 중앙당교 가을학기 개강식에서

출처

나랏일을 위해 집안일을 잊고
공적인 일을 위해 사적인 일을 잊는다.
國而忘家, 公而忘私.

• 서한(西漢), 가의(賈誼)의 《한서(漢書)·가의전(賈誼傳)》

무관이 죽음을 두려워하지 않으면
나라에 희망이 있다

일편단심으로 공익을 위해 일하는 것은 관리에게 첫 번째로 요구되는 품행이다. 정치가는 항상 그가 얼마나 공익을 위하는가, 또는 사회를 위해 얼마나 공헌했는지에 따라 인민의 지지를 받을 수 있고, 사회적으로 인정을 받는다.

공사(公私) 분별은 때로 작은 실수가 훗날 심각한 결과로 이어질 수도 있기 때문에 인품에 가장 큰 영향을 주는 요소다. 역사에서는 공과 사를 어떻게 대하는지에 따라 탐관오리와 청백리를 구별해왔다.

평범한 사람이 사심을 가져봤자 기껏해야 인간관계에서 긴장감을 조성하고 자기 고립을 초래할 뿐이지만, 권력 있는 사람이 사심을 가지면 자신의 힘을 이용해 공익은 물론 타인의 이익까지 착복할 수 있다.

이럴 경우 작게는 자신의 위신을 떨어뜨리고 지엽적인 업무에 나쁜 영향을 끼치지만, 크게는 국가와 인민을 망칠 위험이 있다. 따라서 충신 악비(岳飛)는 "무관이 죽음을 두려워하지 않고 문관이 재물을 탐내지 않으면 나라에 희망이 있다"고 말했다.

여기서 한발 더 나아가 생각해보자. '공(公)'은 어디서 나올까? 또 일편단심으로 '공'을 위하는 것은 도대체 누구를 위한다는 것인가. 현대 정치학은 '공'은 인민으로부터 나오는 것으로 본다.

'공'은 추상적인 것이지만 '민(民)'은 구체적이고 실제적인 것이다. 따라서 일상 행위와 실천에 있어서 관료가 '일편단심으로 공익을 위함'은 흔히 '일편단심으로 인민을 위함'으로 구현되기도 한다.

나라를 위해 죽을 때까지
몸과 마음을 다 바친다

가의는 "나랏일을 위해 집안일을 잊고 공적인 일을 위해 사적인 일을 잊는다" 말했고, 제갈공명은 "나라를 위해 죽을 때까지 몸과 마음을 다 바친다"고 했다. 우리는 이처럼 중화민족 대대로 이어지는 어질고 지조 있는 선현들의 인생 역정과 천고에 전해지는 시와 문장 등을 통해, 위대한 민족정신과 고상한 사회 기풍, 그리고 국가를 다스리는 정치 도리에 대한 사상적 정수를 확실히 느낄 수 있다.

• 2011년 9월 5일, 중앙당교 가을학기 개강식에서

출처

몸을 굽혀 모든 힘 다하기를 죽은 후에야 비로소 그만둔다.
鞠躬盡瘁, 死而後已.

• 삼국시대(三國時代), 제갈량(諸葛亮)의 《후출사표(後出師表)》

국궁(鞠躬): 몸을 구부려 겸손함과 신중함을 표하다.
진췌(盡瘁): 온갖 고생을 다하다.
이(已): 멈추다, 중단하다.

'겉치레 공사'를 삼가라

당 간부는 인민의 목소리를 가장 소중한 신호로 여기고 이에 무조건 응해야 한다. 그리고 인민이 필요로 하는 일을 가장 주요한 축으로 삼아 그들이 바라는 바에 무조건 부응해야 한다. 또한 인민 만족도를 가장 중요한 기준으로 잡고 그들의 근심걱정은 무조건 심사숙고해야 한다.

당의 간부로서 평생 바쁘게 보냈는데도 이룬 바가 없다면, 그 좋은 청춘과 아름다운 시절을 허비한 것에 다름 아니다. 그래서 업무 처리나 새 프로젝트를 입안할 때는 다음과 같은 세 가지 사항에 몰입해야 한다.

첫째는 깊이 연구해야 한다. 낡아빠진 구습에 얽매이지 않고 시대의 흐름에 맞춰 진취적이고 적극적으로 나서야 한다.

둘째는 과감해야 한다. 새로운 프로젝트 앞에서 두려워하지 말고 좌절하면 안 된다.

셋째는 성실해야 한다. 요란스러운 '겉치레 공사(面子工程)'를 하지 않으며, 생기 없는 '플라스틱 화분'을 늘어놓지 말아야 한다. 정치를 할 때는 우선 민생부터 우려하고, 일할 때는 인민의 이익부터 고려해야 한다.

이와 함께 당 간부는 당에 무조건 충성하는 태도를 견지해야 한다. 혹여 인민이 당을 의심하더라도 맹목적으로 시대의 조류에 따르지 말고 먼저 당의 철저한 옹호자가 되어야 한다. 당이 어려움을 겪을 때는 수수방관하지 말고 당의 충실한 수호자가 되어야 한다. 당이 실수했을 때에는 완전무결해야 한다고 무리하게 요구하지 않으며, 간언(諫言)으로써 당과 소통해야 한다.

맹장(猛將)은 반드시
병졸에서 뽑는다

맹자는 "하늘이 장차 어떤 이에게 큰 임무를 맡기려 하면, 먼저 그 마음을 괴롭히고 그 뼛골을 지치게 하며 그 육체를 굶주리게 하고 그 생활을 궁핍하게 만들어, 하는 일마다 어긋나고 틀어지게 한다. 이는 그의 마음을 두들겨 인내심을 길러 어떤 사명도 능히 할 수 있게 하기 위함이다"라고 말했다. 또 한비자는 "재상은 반드시 지방 관리에서 발탁하고, 맹장은 반드시 병졸에서 뽑는다"고 했다. 국가 정치를 맡은 인재라면 어렵고 힘든 환경을 반드시 이겨내고 사회 말단 현장 경험이 반드시 있어야 한다.

- 2011년 9월 5일, 중앙당교 가을학기 개강식에서

출처

재상은 반드시 지방 관리 출신에서 발탁하고
맹장은 반드시 일반 사병 중에서 뽑아야 한다.

宰相必起於州部, 猛將必發於卒伍.

- 전국시대(戰國時代), 한비(韓非)의《한비자(韓非子)·현학(顯學)》

재(宰): 원래 군주의 총집사를 지칭한다.

상(相): 보좌하다.

비바람을 겪지 않고 어떻게 무지개를 보나

현재 당 간부는 신구 세대가 교차하는 중요한 시기에 처해 있다. 젊은 세대는 생기발랄하고 과학과 문화 방면으로 지식이 풍부하며 비교적 강한 혁신 정신을 갖고 있지만, 고생을 겪지 못해 단련이 되지 못했다. 따라서 이들을 열악한 지역과 복잡한 환경에 보내 단련시켜야 한다.

자질 연마와 의지 시험은 조건이 어려울수록, 또 환경이 복잡할수록 좋다. 재정이 부족한 지방에서 일이 성사되도록 최선을 다하는 간부는 재정이 좋은 지방에 가면 일을 더 잘할 수 있다. 하지만 재정이 넉넉한 지방에 있다가 돈이 없는 곳으로 가면 속수무책일 가능성도 있다.

천 근의 짐을 져본 간부는 8백 근의 짐을 쉽사리 질 수 있지만, 8백 근만 져본 간부는 천 근을 지게 될 경우 힘겨워 할 것이 분명하다. 비바람을 겪지 않고는 무지개를 볼 수 없는 것이다.

뭔가 사업을 이룬 적이 있는 사람이라면 예외 없이 천신만고의 좌절을 겪었고, 필사적으로 도전하고서야 그 고비에서 빠져나왔을 것이다. 열악한 환경과 조건은 의지 연마와 재능 단련, 청렴을 다지는 데 비할 바 없이 좋다.

천신만고의 시련은 옥을 다듬듯이 당신을 연마해 성공으로 이끈다. 물론 각급 당 위원회의 지도자는 장기적으로 조건이 나쁜 지방에서 어렵게 일하는 간부를 각별히 챙겨야 한다. 이것은 새로운 프로젝트를 힘들게 진행한 간부들에 대한 최소의 보상이자 최고의 격려다.

가을 나무처럼
간결하게 고쳐라

첫째, 짧아야 한다. 즉, 말은 간결하고 세련되게 단도직입적으로 해야 한다. 의사 전달만 되면 그치되, 입장과 초점이 뚜렷해야 한다. 두세 마디로 정확하게 말할 수 있는 일이라면 절대 군더더기를 붙이지 말아야 한다. 또 작은 지면으로 짧게 설명할 수 있는 도리라면 빙빙 돌려서 말하지 말아야 한다. 옛사람이 "가을 나무처럼 번잡함을 떨구고 간결하게 하라"고 말한 것은 이런 의미다. 마오쩌둥 동지는 인민영웅기념비의 비문 초안에서 단지 144글자로 중국 근대사를 모두 반영해 작성했다. 1975년 덩샤오핑 동지는 저우언라이(周恩來) 총리가 제4차 전국인민대표대회의 석상에서 보고할 초안을 5천 자만으로 끝냈다. 덩샤오핑 동지는 훗날 이 일을 회상하면서 "마오쩌둥 주석은 내게 보고서 초안이 5천 자를 넘지 않도록 책임지라 지시했고, 나는 그 지시를 성공적으로 수행했다. 비록 5천 자뿐이지만 아주 효율적이 않은가"라고 말했다.

• 2010년 5월 15일, 중앙당교 봄학기 제2차 신입생 개강식에서

출처

번잡함을 깎고 간결하게 하면 가을의 나무이고
독창적인 새로운 것을 창조하면 봄의 꽃이로다.
删繁就簡三秋樹, 領異標新二月花.

• 청대(淸代), 정판교(鄭板橋)의 《제서재련(題書齋聯)》

영이(領異): 남과 다른 새로운 격조를 창조하다.

입은 천 리 갔는데 엉덩이는 아직 집 안에 있다

업무 기풍을 개선하려면 문장의 기풍부터 개선해야 한다. 마오쩌둥이 〈당팔고를 반대함(反對黨八股)〉이라는 연설문에서 문장의 상투성을 배제하자고 주장한 지 70여 년이 흘렀다. 하지만 이 글에서 비난한 '게으른 여인네의 발싸개(懶婆娘的裹腳)' 식의 문장 기풍은 아직까지도 존재한다.

'양은 있지만 질이 없고 길이가 있지만 힘이 없는' 연설, 또는 맛도 쓸모도 없는 헛소리와 마음에도 없는 거짓 소리, 만인이 똑같이 내는 상투어가 아직도 여러 곳에서 보인다.

실제 조사를 하지 않고 쓴 문장은 '찻잔을 들자마자 주제와는 멀어진다'. 또 조사하더라도 애쓰지 않으면 '조롱박이 우물 속에 떨어진' 격이 되어, 물속으로 들어가지 못하고 여전히 물 위에 둥둥 떠 있는 결과를 낳는다.

문장에 기교만 있고 고민이 담겨 있지 않으면 '입은 천 리를 갔는데 엉덩이는 아직 집 안에 있는' 상황이 연출되기도 한다. 문장의 큰 틀은 조리가 정연하지만 세밀하게 살펴보면 엉망인 경우도 있다. 연설할 때 서로 상이한 말을 한데 섞어놓으면, 게가 두부를 먹는 것처럼 많이 먹지 못하면서 두부만 어지럽게 망쳐놓는 결과가 된다.

모든 당 간부는 솔직하고 실제적인 문장 기풍을 가다듬어야 할 것이다.

학의 다리가 길다고 자르면
슬퍼할 것이다

장문의 글이라고 무조건 나쁜 것은 아니다. 내용이 있고 주관이 뚜렷하면 즐겨 읽을 수 있다. 글의 길이는 구체적 상황에 따라 결정해야 한다. 짧아야 할 때는 짧게 쓰고 길어야 할 경우에는 길게 써야 한다. 내용이 형식을 결정하는 게 좋다. 짧은 글로 명백해지지 못할 사정이라면 길게 써야 한다. 《장자(莊子)》에 이런 말이 나온다. "길다고 그것을 여분으로 생각하지 않으며 짧다고 그것을 부족하다고 여기지 않는다. 물오리의 다리는 짧지만 길게 이어주면 근심할 것이고, 학의 다리가 길다고 짧게 잘라주면 슬퍼할 것이다." 이 도리를 글쓰기에도 적용할 수 있다. 하지만 오늘날에는 물오리의 짧은 다리를 길게 한 글이 너무 많다. 글, 연설, 문서 등을 짧게 작성하라는 주장은 현재 문장 기풍의 확립을 위한 주된 임무다.

• 2010년 5월 15일, 중앙당교 봄학기 제2차 신입생 개강식에서

출처

물오리 다리는 짧지만 길게 이어주면 근심할 것이고
학의 다리가 길다고 짧게 잘라주면 슬퍼할 것이다.

鳧脛雖短, 續之則憂; 鶴脛雖長, 斷之則悲.

• 춘추시대(春秋時代), 장자(莊子)의 《장자·외편(外篇)·병무(騈拇)》

부(鳧): 물오리.

경(脛): 다리.

유위는 무위보다 못하다

장자는 어짊과 의로움으로 천하를 다스려야 한다는 유가의 가르침에 반대한다. 대신 모든 것은 순리를 따라야 한다고 주장한다. 세속적인 가치는 사람의 본성을 손상시키고 모든 유위(有爲)는 하늘의 뜻을 즐기는 무위(無爲)보다 못하다고 여겼다. 이 비유는 만물은 자연의 섭리에 순응해야 함을 설명하기 위한 것이다. 자연의 섭리에서 벗어나면 원래 알맞게 자리 잡은 사물이 그 바람직한 상태에서 이탈하기 마련이란 이야기다.

물오리의 다리가 짧고 학의 다리가 긴 것은, 그들이 환경에 적응한 결과이거나 자신의 특성에 따라 알맞은 환경을 찾아낸 결과이거나, 둘 중 하나다. 무릇 생물은 환경과 조화롭게 공존할 때 각자의 장점을 더욱 잘 나타낸다. 연설이나 글쓰기도 마찬가지다. 당 간부는 가능한 한 간단하면서도 인민이 알아듣기 쉽게 말해야 한다.

'실제적인 것을 추구하는' 문장 기풍은 당 간부에게 진실하게 말할 것을 요구한다. 말단 현장에서 지도할 때는 진심 어린 속마음을 연설에 담아야 간부와 인민 간의 거리감을 좁힐 수 있다.

'새로운 것을 추구하는' 기풍은 당 간부가 시대에 맞게 말하기를 요구한다. 새로움을 추구하는 시진핑의 문장 기풍을 보면, 그가 경전을 인용해 '옛것으로 오늘을 비추어' 여러 당원을 일깨운다는 것을 알 수 있다. 또 그가 각종 회의 석상에서 한줄기 '새로운 바람'처럼 대중의 이목을 번쩍 뜨이게 연설하는 데서도 찾아볼 수 있다.

봄의 꽃처럼
새로운 격조를 만들라

셋째는, 새로움이다. 사상이 깊고 창의적이며 '마치 봄꽃처럼 색다르고 새로운 격조를 만들어야' 한다. 문서나 연설이 창의적이지 않으면 그게 무슨 의미가 있겠는가. 창의적인가, 그렇지 못한가의 여부는 그 간부의 사상·이론·경험 수준 및 언어 표현 능력 등에 달려 있다. 창의적이라 함은 당 중앙의 정신과 상급자의 요구를 해당 지역이나 부서 등의 실제 상황과 결합해 문제 해결의 새로운 이념과 사유 방식, 조치를 제시하는 것도 포함한다. 또한 시각과 언어 표현이 새롭다는 말뿐만 아니라 개성 있고 특색이 뚜렷하며 생기발랄하다는 말도 포함한다. 그러나 창의적으로 말한다는 것이 억지로 혁신을 추구한다든가, 심지어 문자 유희까지 의미하는 것은 아니다.

• 2010년 5월 15일, 중앙당교 봄학기 제2차 신입생 개강식에서

출처

140쪽 참조.

새로우면 강하고 낡으면 시든다

과거 마오쩌둥 동지는 상투적인 글이나 연설을 "딱딱한 몇 개 근육만 남아 노숙자처럼 추하고 건강한 사람처럼 보이지 않는다"고 비판했다. 당 간부가 말을 새롭게 잘하지 못하는 이유는 세 가지 두려움 때문이다.

첫째, 매 맞는 것에 대한 두려움이 있어서다. '총은 머리를 내미는 새를 쏜다', '튀어나온 서까래가 먼저 썩는다'라는 말처럼 새로운 말을 하다 말썽을 일으킬까 걱정해서다.

둘째, 머리를 쓰는 것에 대한 두려움 때문이다. 하루 종일 노느라 공부할 시간이 없어 머리가 텅 비어 있다.

셋째, 발로 뛰는 것에 대한 두려움 때문이다. 조사 연구가 부족하여 상황에 대해 잘 알지 못한다. 그 결과 '말을 세 번만 하면 물처럼 싱거워진다'는 말처럼 되고 만다.

'새로운 말'은 무언가. 이념과 표현 방식이 새롭고 사물의 발전 추세를 정확하게 예측해 신선하고 생생하며 구태의연함에서 벗어난 말이다.

캉유웨이(康有爲)는 "무릇 사물은 새로우면 강하고 낡으면 시든다. 새로우면 신선하고 낡으면 썩는다. 새로우면 활발하고 낡으면 딱딱하다. 새로우면 원활하고 낡으면 막힌다"고 말했다.

진리가 거듭 강조되는 것을 꺼릴 필요는 없겠지만 '낯익은 얼굴'과 '익숙한 어조'로 항상 반복하지 말아야 한다.

덕을 으뜸으로
삼아야 한다

당원과 간부는 사회주의 핵심 가치 체계를 모범적으로 학습하고 실천하기 위해서 고상한 도덕심을 잘 유지해야 한다. 도덕성은 사람 됨됨이를 따지는 데 가장 우선적인 기본 문제다. 옛사람이 "모든 행동은 덕을 으뜸으로 삼아야 한다"고 한 것은 바로 이 도리를 말한 것이다. 당원과 간부의 도덕성은 일반 대중보다 더욱 높은 기준을 요구한다. 수많은 부패 세력 대부분이 범죄의 길로 들어선 것은 품행이 바르지 않고 도덕이 문란한 데서 비롯했다.

• 2009년 11월 12일, 중앙당교 가을학기 제2차 연수반에서

출처

선비는 모든 행동에서 덕을 으뜸으로 삼는다.

士有百行, 以德爲首.

• 고대 민간 속담

대들보가 바르지 않으면 아래 들보가 비뚤어진다

《삼국지(三國志)·위서(魏書)》에서는 《위씨춘추(魏氏春秋)》를 해제하며 다음과 같은 내용을 실었다.

위나라의 허윤(許允)이라는 장군이 젊은 시절에 부모가 정해준 여인을 아내로 맞았는데 그 여인이 미인은 아니었다. 결혼식을 올린 허윤은 마지못해 신혼방에 들어갔다. 잠시 머무른 뒤 떠나려는데 부인이 그의 옷을 당기며 "왜 가십니까. 첫날밤이라면 즐겁게 보내야 하잖아요"라고 말했다.

허윤은 불쾌한 표정으로 "아녀자에게 부덕(婦德), 부언(婦言), 부용(婦容), 부공(婦工), 이렇게 네 가지 덕이 있어야 하는데 당신은 몇 개를 지니고 있소"라고 물었다. 그러자 부인은 "저에게 미모는 없어요. 그러나 선비에게는 덕행이 백 개 있어야 하는데 당신은 몇 개나 있습니까"라고 반문했다.

허윤은 무표정한 얼굴로 "나에게는 전부 있소"라고 대답했다. 부인이 허윤에게 "무릇 모든 행동은 덕을 가장 으뜸으로 삼아야 합니다. 당신은 미인을 좋아하고 덕에 관심을 두지 않는데 어찌 백 가지 덕행을 모두 갖추었다고 말할 수 있습니까"라고 말했다.

허윤이 이 말을 듣고 아내가 수양이 깊고 현명하다는 것을 깨닫고는 마침내 미소를 지었다. 그 후부터 허윤은 그의 부인을 아주 사랑하게 되었다고 한다.

관료는 우선 사람 됨됨이가 되어야 하고 사람 됨됨이는 덕을 먼저 갖춰야 한다. 도덕과 품행이 올바르지 않으면, '바르지 않은 대들보 아래 비뚤어진 들보'처럼 되기에 민심이 떠난다.

역사를 거울로 삼으면 흥망을 알 수 있다

옛사람이 "역사를 거울로 삼으면 흥망을 알 수 있다"고 했다. 마오쩌둥 동지는 다음과 같은 명언을 남겼다. "위대한 혁명 운동을 이끄는 정당은 혁명적 이론과 역사적 지식이 높아야 하며, 실제 운동을 깊게 이해해야 한다. 그렇지 않으면 승리하기 어렵다." 이처럼 역사 학습은 우리 당 전체는 물론 당의 각급 간부에게도 매우 중요한 것이다. 당 간부는 역사를 학습하고 이해해야 옛사람의 수신(修身)과 일 처리, 치국평천하(治國平天下) 등의 지혜와 경험을 흡수할 수 있다. 역사적 인식이 풍부해지면 안목과 마음은 크게 넓어지고 정신의 경지도 크게 향상되며 사유의 차원과 지도 수준 또한 새로운 단계로 올라갈 수 있다.

- 2008년 5월 13일, 중앙당교 봄학기 제2차 연수반 개강식에서

출처

구리로 거울을 삼으면 의관을 바로 할 수 있고
사람을 거울로 삼으면 득실을 알 수 있으며
역사를 거울로 삼으면 나라의 흥망성쇠를 알 수 있다.
以銅爲鑒, 可以正衣冠; 以人爲鑒, 可以知得失; 以史爲鑒, 可以知興替.
- 북송(北宋), 구양수(歐陽修)의 《신당서(新唐書)》

당 태종의 거울은 위징이다

당태종 이세민과 위징(魏徵) 사이에 얽힌 이야기가 있다. 위징은 당태종에게 솔직하게 의견을 제시했고, 조정에서 항상 자기 의견을 밝힐 수 있었다. 당태종도 그의 올바른 의견을 수용했기에, 그의 통치 기간에 정치는 맑았고 사회는 안정되었으며 경제는 번영하고 국력은 강성했다. 위징이 죽은 후 당태종은 크게 통곡하며 그를 위해 비석을 세우라 명령하고는 친필로 비문을 썼다.

당태종은 위징이 그리울 때면 신하들에게 "동을 거울로 만들면 의복과 모자를 단정히 할 수 있다. 이 말은 사람의 외모를 볼 수 있음을 의미한다. 남의 일을 거울로 삼으면 일 처리 방법과 그 득실을 알 수 있다. 또한 역사를 거울로 삼으면 한 나라의 흥망을 알 수 있다"라 말하며 회고했다. 이를 통해 우리는 당태종이 위징을 하나의 거울로 삼았음을 알 수 있다.

"역사를 거울로 삼으면 흥망을 알 수 있다"는 말은 당태종의 세 가지 거울 가운데 하나다. 이 말은 우리에게 불변의 진리 하나를 제시한다. 즉, 어느 시대의 통치자이든 정치가 맑고 하늘과 사람에 순응하면 흥할 것이고, 반면에 정치가 어둡고 시대 흐름에 역행한다면 필연적으로 멸망할 것이란 점이다. 이것은 거의 예외가 없는 불가항력적인 역사 법칙이다. 당태종은 이 법칙을 잘 알고 있었기에 눈부신 '정관의 치(貞觀之治)'를 실현할 수 있었다.

자발적으로 역사를 검토할 줄 아는 정당이야말로 이성적으로 미래를 마주할 수 있다. 당의 역사적 경험을 진지하게 거울로 삼으면 우리의 자각을 키우고 통찰력과 판단력을 제고할 수 있으며 시행착오를 줄여 과거의 전철을 밟지 않을 수 있다.

네 가지 수칙이 시행되지 않으면
나라가 망한다

선진(先秦) 시기부터 우리 조상은 청렴한 정치를 추구했다. 관자(管子)는 예(禮)·의(義)·염(廉)·치(恥)가 나라의 네 가지 수칙이고, "이 네 수칙이 널리 시행되지 않으면 나라는 망한다"고 했다. 공자도 "정치를 하는 자는 정직해야 한다(政者正也)", "자신이 정직하면 명령하지 않아도 실행되고, 자신이 정직하지 않으면 명령해도 실행되지 않는다(其身正不令而行 其身不正雖令不從)"고 말했다. 또한 "욕망은 있지만 탐욕스럽지 않다(欲而不貪)"는 말을 정치의 필수 조건으로 여겼다.

• 2008년 5월 13일, 중앙당교 봄학기 제2차 연수반 개강식에서

출처

예의염치는 나라의 네 가지 수칙인데,
이 네 가지 수칙이 널리 시행되지 않으면 나라는 망하고 만다.
禮義廉恥, 國之四維. 四維不張, 國乃滅亡.

• 춘추시대(春秋時代), 관중(管仲)의 《관자(管子)·목민(牧民)》

백성을 이자성처럼 만들지 마라

관중은 "예의염치는 나라의 네 가지 수칙으로서 이 네 수칙이 널리 시행되지 않으면 나라는 망하게 된다"고 말했다. 관중은 이 네 수칙을 치국(治國)의 네 가지 강령으로 여기고 '사유(四維)'라 했다. 유(維)는 물건을 묶기 위한 굵은 줄을 말한다. 제환공(齊桓公)은 관중의 지모를 받아들여 개혁과 입법을 통해 나라를 강성하게 만들었다.

마오쩌둥은 "치국은 관료를 다스리는 것이다. 예의염치는 나라의 네 가지 기본 수칙이라서 만약 이것이 널리 시행되지 못하면 나라가 쉽게 망한다. 만약 신하들이 청렴하지 않고 염치를 모르며 한없이 부패하고 마음대로 나쁜 짓을 하는데도 국가가 그들을 다스릴 방법이 없다면, 천하는 혼란스러워지고 백성들은 이자성처럼 되고 말 것"이라고 말했다.

예의염치, 효제충신(孝悌忠信)이라는 사유팔덕(四維八德)과 군신부자(君臣父子), 인의예지신(仁義禮智信)이라는 삼강오상(三綱五常)은 유가(儒家)의 치국에 관한 핵심 사상이며, 마오쩌둥 등 초기 혁명가들이 아주 중시했다.

당 간부는 자발적으로 배금주의, 향락주의, 극단적 개인주의 등 그릇된 사상의 침투를 막아야 한다. 잘못을 저지른 뒤 피고석에 앉아 "머리를 제대로 단속하고 돈을 탐내지 말았어야 한다. 또한 입을 제대로 단속하고 먹지 말아야 할 것을 먹지 말았어야 한다. 손도 제대로 단속하고 건드리지 말아야 하는 것은 절대 건드리지 말았어야 한다"고 뉘우치기 전에, 먼저 스스로 단속하는 게 중요하다는 사실을 깨달아야 한다.

관료로서 지켜야 할 법은 청렴, 신독, 근면이다

남송(南宋)의 여본중(呂本中)은 '관료된 자가 오로지 지켜야 할 법으로 청렴[清], 신독[愼], 근면[勤], 이 세 가지'를 꼽았다. 이 가운데 청(清)은 '매우 순결하고 깨끗함'을 가리킨다. 역사적으로 이러한 사상은 진보성을 띠고 있어 오늘날 읽어도 여전히 큰 가르침을 준다.

• 2008년 5월 13일, 중앙당교 봄학기 제2차 연수반 개강식에서

출처

관료로서 지켜야 할 법은 오직 세 가지니, 청렴과 신독(愼獨), 근면이다.
이 세 가지를 잘하면 지위를 지키고 치욕을 멀리할 수 있으며
윗사람에게 인정받고 아랫사람의 지지를 얻을 수 있다.

當官之法, 唯有三事, 曰清曰愼曰勤.

知此三者, 可以保祿位, 可以遠恥辱, 可以得上之知, 可以得下之援.

• 남송(南宋), 여본중(呂本中)의 《관잠언(官箴言)》

머리와 손발이 부지런해야 한다

"다른 산의 돌멩이라도 내 산의 옥을 다듬을 수 있다"는 말이 있다. 옛사람의 안목은 날카로우면서도 지혜롭고, 시대에 뒤떨어지지도 않아 우리 당 간부가 이를 거울로 삼을 수 있다.

관료 노릇을 잘하기 위한 세 가지 법칙 중 청렴을 가장 우선으로 해야 한다. 간부(干部)라는 두 글자 가운데 간(干)은 깨끗하다는 의미다. 깨끗함을 전제로 사마광(司馬光)이 언급한 덕(德)을 실천해야만, '고생하면서 성실하게, 그리고 지혜롭게 일하자'는 주장이 효과를 발휘할 수 있다.

또 류사오치(劉少奇)는 "혼자 일하거나 감독하는 사람이 없어서 각종 나쁜 짓 할 가능성이 있을 때라도 스스로 삼가 악행을 하지 않을 수 있어야 한다"고 말했다. 당 간부가 '신독(愼獨)'을 하기 위해서는 다음과 같은 자질을 갖춰야 한다. 첫째, 상당한 수준의 이론적 수양과 도덕적 경지에 도달해야 한다. 둘째, 부패에 저항하는 강력한 능력을 가지고 있어야 한다. 셋째, 감시를 용감하게 받아들이고 높은 자리에 있다 해서 고자세로 우쭐거리거나 과시하지 말아야 한다.

마지막으로 당 간부가 근면하기 위해서는 머리와 손발 모두가 부지런해야 한다. 머리로 부지런히 자주 생각하고 열심히 공부하며, 당 중앙의 정신을 잘 이해하고 심화시켜야 한다. 손으로 부지런히 일하되 '직책만 있고 아무것도 상관하지 않는 주인'처럼 해서는 안 된다. 발로는 열심히 뛰어야 하며 좀 더 많은 시간을 내서 말단 현장과 인민 속으로 깊이 파고들어 인민의 목소리를 경청하는 운동을 펼쳐야 한다.

남을 대할 때
완전함을 바라지 마라

청렴하게 일하기 위해서는 자주 자기 단속과 자기 반성을 하는 것이 중요하다. 중화민족은 자신을 단속하고 극기와 수신을 고도로 중시하는 민족으로서 이와 관련된 귀중한 사상적 유산을 많이 남겼다. 가령 "남을 대할 때 완전함을 바라지 말고 자신을 점검할 때는 늘 부족한 것처럼 하라", "매일 세 가지 일로 자신을 반성한다(吾日三省吾身)", "어진 사람을 보면 그와 같이 되려고 노력하고 어질지 않은 사람을 보면 스스로는 그렇게 되지 않겠다고 결심하라(見賢思齊焉 見不賢而內自省也)", "만족을 모르는 것보다 더 큰 화는 없고 욕망보다 더 큰 위험은 없다(禍莫大于不知足 咎莫大於欲得)"와 같은 말들이 있다. 이러한 사상은 오늘날에도 여전히 유효하다.

• 2008년 5월 13일, 중앙당교 봄학기 제2차 연수반 개강식에서

출처

남을 대할 때는 완벽함을 바라지 말고
나를 점검할 때는 늘 부족한 것처럼 하라.
與人不求備, 檢身若不及.

• 춘추시대(春秋時代), 공자의 《상서(尙書)·이훈(伊訓)》

여(與): ~에게.
구비(求備): 남에게 완벽함을 강요하다.
검(檢): 검사하다, 검증하다.

자신의 권력을 크게 보지 마라

새로운 시기에 새로운 임무는 당 간부에게 새로운 도전을 요구한다. 당 간부가 새롭게 전환된 형세에 적응하고 시대 흐름에 순응하기 위해서는 우선 학습을 강화해야 한다. 특히 자성과 자율의 태도를 배워야 한다.

자성과 자율을 위해서는 첫째, 자신의 언행부터 잘 단속해야 한다. 업무에서든 생활상 작은 일에서든 '극기(克己)'를 배워 실천해야 한다. 작은 일을 중시하고 사소한 곳에 주의를 기울여 일거수일투족이 '살얼음 위를 걷듯 깊은 못에 임한듯' 신중해야 한다.

둘째, 자신의 사욕을 잘 단속해야 한다. 당 간부라면 자신의 사욕을 방치하지 말아야 한다. 사욕이 커지면 이성의 힘으로 제어해야 하며, 끝없는 욕망으로 변해 자신의 행위를 좌우하지 못하게 해야 한다.

셋째, 자신의 권력 행위를 잘 단속해야 한다. 자기 손에 쥐고 있는 권력을 크게 보고 당 규율과 국가 법률을 작게 보면 안 된다. 자기 지위를 정확하게 인식하고 손에 쥔 권력을 정확하게 사용해 정책과 규정, 인민의 이익 등 이 세 가지에 부합되는 일을 해야 한다. 국가의 법률과 법령에 위배되는 일을 해서는 안 된다.

당 간부는 청렴한 당 기풍의 확립과 관련된 정책과 방침을 자발적으로 열심히 학습하고 관철하며 구체화해야 한다. 뿐만 아니라 엄격하게 자신을 단속하여 당원으로서의 직책을 성실히 이행해야 한다. 당 간부가 앞장서 기율과 법률을 준수하는 본보기가 될 때 청렴을 제대로 실천할 수 있다.

눈은 오색의 유혹에
미혹되지 말아야 한다

간부라면 생활과 관련된 위험을 잘 넘겨야 한다. 생활이 올바
르고 취미가 건강하며 품격이 있고 품행을 중시하며 신독(愼
獨), 신욕(愼欲), 신미(愼微)를 철저히 함으로써 "마음은 미미
한 이익의 유혹에 흔들리지 않고, 눈은 오색의 유혹에 미혹
되지 말아야 한다"는 말처럼 고상한 절개와 지조를 시종일관
유지해야 한다.

• 2007년 8월 10일, 상하이시 당정 책임간부대회 석상에서

출처

마음은 아주 미미한 이익의 유혹에 흔들려서는 안 되고
눈은 오색의 유혹에 미혹되지 말아야 한다.

心不動于微利之誘, 目不眩于五色之惑.

• 서한(西漢), 융흥부석실사문조(隆興府石室沙門祖)의 《불조역대통재(佛祖曆代通
載)》 제22권

현(眩): 미혹하다.

책임 관료가 되지 못할 바에는
고구마를 파는 게 낫다

옛날에 지방 관리는 '부모관(父母官)'이라 불리기도 했는데, 이는 관리가 자신의 자녀를 어여삐 여기는 것처럼 백성을 잘 대해야 함을 의미한다. 물론 백성을 자녀가 아니라 부모로 모신다 해도 그 본질은 마찬가지다.

당 간부는 다음의 다섯 고비를 잘 넘겨야 한다.

첫째, 사상의 고비를 잘 넘겨야 한다. '양심 장부'를 잘 살펴 인민을 위한 청렴 정치를 수행하면서 멸사봉공의 자세를 자발적인 행동으로 내면화해야 한다.

둘째, 권력의 고비를 잘 넘겨야 한다. 권력은 인민을 위해 사용해야 한다. 공정하게 또 법에 따라 권력을 사용하되 손에 쥔 권력은 조직과 인민의 감독 아래 둬야 한다.

셋째, 사회의 고비를 잘 넘겨야 한다. 말과 행동거지를 신중히 하며 원칙과 레드라인을 잘 지켜야 한다.

넷째, 친인척의 고비를 잘 넘겨야 한다. 자기를 잘 단속해야 할 뿐 아니라 친인척과 주변 직원들에게 엄격하게 요구해야 한다.

다섯째, 생활이란 고비를 잘 넘겨야 한다. 마음은 미미한 이익의 유혹에 흔들리지 않고 눈은 오색의 유혹에 현혹되지 않도록 노력해야 고상한 절개와 지조를 시종일관 유지할 수 있다.

"인민을 책임지는 관료가 되지 못할 바에는 차라리 집에 돌아가 고구마를 파는 것이 더 낫다"는 말이 있다. 제대로 할 의지가 없으면 아예 관리가 되지 않는 게 낫다.

숨겨진 것보다
더 잘 보이는 것은 없다

《예기(禮記)》에 "숨겨진 것보다 더 잘 보이는 것은 없고 작은 것보다 더 잘 드러나는 것은 없다. 따라서 군자는 홀로 있을 때 더욱 삼가고 조심해야 한다"는 말이 나온다. 당 간부라면 신독(慎獨)을 실천해야 한다. 특히 고급 당 간부는 항상 손에 일정한 권력을 쥐고 있기 때문에 조직과 제도의 감독을 자발적으로 받아야 할 뿐만 아니라, 자기 단속을 부단히 강화하고 공개 석상과 비공개 석상에서 일관되게 행동하며, 면전과 배후에서도 일관되게 행동해야 한다. 특히 사적인 자리, 사람이 없는 자리, 미세한 부분을 처리하는 경우에 살얼음판을 걷듯 조심하며, 방종과 탈선 등 규칙을 위배하지 않도록 주의해야 한다.

- 2007년 3월 25일, 〈절강일보(浙江日報)〉 '지강신어(之江新語)' 칼럼에서

출처

숨겨진 것보다 더 잘 보이는 것은 없고
작은 것보다 더 잘 드러나는 것은 없다.
따라서 군자는 홀로 있을 때 더욱 삼가고 조심해야 한다.
莫見乎隱, 莫顯乎微, 故君子慎其獨也.

- 서한(西漢), 대성(戴聖)의 《예기(禮記)》, 《중용(中庸)》

은(隱): 은밀하다.
미(微): 세밀하다.

소망이 진지하면 밖으로 드러난다

'신독'은 《예기》와 《중용》에 나오는 말이다. 신독은, '가장 은밀한 곳에서 사람의 품격이 가장 잘 드러나고 가장 사소한 일에서 마음이 가장 잘 드러나기에, 군자라면 남의 감독 없이 혼자 있을 때라도 부도덕한 일을 추호도 하지 않으며 신중하게 행동해야 한다'는 의미를 담고 있다.

유교 경전 《대학(大學)》에 "속이 진실하면 밖으로도 드러난다. 따라서 군자는 신독에 힘써야 한다"는 글귀가 있다. 류사오치는 《공산당원의 수양에 대해 논한다(論共産黨員的修養)》에서 이 신독이란 개념을 참고해 당원이라면 신독해야 한다고 요구했다.

그는 "당과 혁명의 이익에 관심을 두는 것 외에 개인적 득실이나 공연한 근심거리에 관심을 가져서는 안 된다. 혼자 일하거나 감독할 사람이 없어 나쁜 일 할 가능성이 있을 때라도 신독을 실천해 그 어떤 나쁜 일도 하지 않아야 한다. 자기가 한 일에 대해선 어떤 검사도 이겨낼 수 있어야 하고, 남이 검사하는 것을 절대 두려워하지 말아야 한다"고 말했다.

류사오치의 이 말은 신독의 중요성을 말해준다. 실제로 기율 위반과 관련된 문제들 가운데 대부분이 정규 근무 시간 이외에 감독이 없는 시간에 발생하고 있다. 즉, 신독에 대한 자각이 부족했기 때문에 일어난 일들이다. 따라서 당 간부라면 감독이 없는 상황에서도 스스로를 자발적으로 단속하는 것에 반드시 주의를 기울여야 한다.

관리가 되려면
사람이 먼저 되어야 한다

"관리가 되려면 사람이 먼저 되어야 하고, 사람이 되려면 덕을 먼저 세워야 한다. 덕은 관료의 근본으로 관료 노릇을 하기 위해서는 우선 덕을 쌓아야 한다"는 말이 있다. 또 "모든 행동은 덕을 으뜸으로 삼아야 한다", "마음과 몸을 닦고 나서야 천하를 위해 정치를 할 수 있다(修其心治其身 而後可以爲政 於天下)" 등의 말은 전부 사람 됨됨이와 관리 노릇 하기, 수신과 덕을 세우는 도리를 말한다.

• 2007년 2월 7일, 〈절강일보〉 '지강신어' 칼럼에서

출처

관리가 되려면 사람이 먼저 되어야 하고
사람이 되려면 덕을 먼저 세워야 한다.
덕은 관료의 근본으로 관료 노릇을 하기 위해서는
우선 덕을 쌓아야 한다.
做官先做人, 做人先立德; 德乃官之本, 爲官先修德.

• 고대 민간 속담

참은 거짓일 수 없고 거짓은 참일 수 없다

사람 되기가 쉽지 않다는 것은 여러 '길'의 선택에서 자신과의 싸움이 힘들고, 친정(親情)과 우정(友情)을 모른 체하기 어려우며, 복잡한 환경에서 자기감정을 제어하기 어렵기 때문이다. 관료 노릇은 어렵고, 훌륭한 관료가 되기는 더 어렵다.

제대로 된 관료가 되려면 첫째, 각종 불의에 직면해서도 물처럼 깨끗한 사상과 품행을 유지해 오염되거나 동화되지 않아야 한다. 둘째, 훌륭한 정치 업적을 이뤄 인민들 사이에 좋은 입소문이 나게 해야지, 세인의 비난을 받아서는 안 된다. 셋째, 다른 이가 사람이 되도록 도와야 하고 교육해야 한다.

관료가 되어서 오만하고 잘난 척하면, 인민이 반드시 등을 돌린다. 따라서 관료 노릇을 하기에 앞서 우선 사람이 되어야 하는 것이다.

사람이 되려면 진솔한 마음가짐으로 남을 대해야 한다. 교류에 진실됨이 필요하다. "참은 거짓일 수 없고 거짓은 참일 수 없다"는 말이 있다. 사람 됨됨이도 이와 마찬가지다. 진실한 사람이라면 측은지심을 가지고 다른 사람의 어려움과 긴급함을 해결해주어야 한다. 그렇지 못하면 그저 사람의 가죽을 걸치고 있을 뿐인 자가 되고 만다.

또 관료 노릇을 할 때 관료로서의 '올바름'을 잃어버리면 안 된다. 관료 노릇을 바르게 하지 못하면 인민들이 분노하기 마련이다. 민심에 위배되면 안 된다. 민심을 잃어버리면 머리에 오사모(烏紗帽)를 계속 쓰고 있기가 어렵다.

자리가 없다고 걱정 말고
덕을 쌓지 못한 것을 걱정하라

동서고금을 막론하고 무릇 관료가 된 이는 "자리가 없는 것을 걱정 말고 덕을 쌓지 못한 것을 걱정하라"는 말과 "지위가 낮은 것을 근심 말고 덕이 두텁지 못한 것을 걱정하라"는 말처럼 행동해야 할 것이다. 장구한 역사를 볼 때 제국의 멸망, 왕조의 전복, 집권당의 실각 등은 모두 위정자가 덕을 세우지도 닦지도 실천하지도 않은 것과 무관하지 않다. 또한 집권자의 업무 풍조가 올바르지 못하고 부패가 심하며 민심을 잃었던 것과 무관하지 않았다.

• 2007년 2월 7일, 〈절강일보〉 '지강신어' 칼럼에서

출처

자리가 없는 것을 걱정 말고, 덕을 쌓지 못한 것을 걱정하라.
지위가 낮은 것을 근심 말고, 도가 두텁지 못함을 근심하라.
不患無位, 而患德之不修也; 不憂其賤, 而憂道之不篤也.

• 당대(唐代) 나은(羅隱)의 《양동서(兩同書)》

독(篤): 두텁다.

정부와 인민은 배와 물의 관계다

당과 인민의 관계는 물고기와 물의 관계여야 하고, 정부와 인민의 관계는 배와 물의 관계여야 한다. 만약 이러한 관계가 어긋나면, 한 지역의 당풍(黨風), 정풍(政風), 민풍(民風)에 영향을 끼친다. 그리고 인민은 당과 정부를 불신임하며 납득하지 못하고, 당과 정부에 항거하는 사태 등을 초래할 수 있다.

이런 문제를 해결하기 위해서는 누구를 위해 이익을 도모하는가를 명확히 해야 한다. 한 지방의 발전 목표 가운데 인민의 이익을 도모하는 것과 민생 문제가 가장 우선적인 과제가 되어야 한다.

또한 정(情)은 누구를 위해 쏟아야 하는가를 명확히 해야 한다. 각급 당 조직과 정부는 인민의 실질적인 어려움에 진지한 관심을 기울여야 하고, 극빈한 인민은 단지 방문하는 것에 그치지 말고 행동으로 도와줘야 한다.

지난 몇 년 동안 당원의 숫자가 부단히 증가하고 당원 규모가 계속 확대되었다. 그러나 일부 당원의 능력, 소질, 입당 동기 등에 대해서는 진지하게 한번 따져볼 필요가 있다. 이 문제를 해결하려면 당원의 훈련을 강화하고 관리를 강화해야 한다.

단정한 당풍, 정풍, 민풍 가운데 당풍이 제일 중요하다. 만약 지도자의 당풍으로부터 시작해 당의 리더십을 강화하고, 당과 인민 간의 유대 관계를 긴밀히 하며, 전심전력으로 인민을 위해 봉사하자는 당의 취지를 구체화시킬 수만 있다면, 좋은 당풍으로 정풍을 추진하고 민풍을 이끌자는 것은 빈말이 아니게 될 것이다.

군자의 자기 점검은
늘 잘못이 있는 것처럼 해야 한다

당 간부는 일반 보통 사람의 신분이 아니다. 그의 모든 언행은 사회적으로 귀감이 되어 대중을 이끄는 역할을 한다. 따라서 모든 당 간부는 이 점을 정확히 인식해 "군자의 자기 점검은 늘 잘못이 있는 것처럼 해야 한다"는 말처럼 겸손하고 성실한 태도로 정치가로서의 덕을 쌓고 탐욕의 폐해에 대해 생각하는 등 자신의 마음을 다스려야 한다. 그리고 관료 노릇한다는 것을, 정치적 덕행의 수준을 한 단계 높이고 인민을 위해 일한다는 당의 취지를 실천하는 과정으로 여겨야 한다. 이는 마오쩌둥 주석이 과거 우리 당원들에게 당부했던 '고상한 사람, 순수한 사람, 도덕적인 사람, 저급한 취미와는 거리가 먼 사람, 인민에게 유리한 사람'이 되어야 한다는 말과 일맥상통한다.

• 2007년 2월 7일, 〈절강일보〉 '지강신어' 칼럼에서

출처

군자의 자기 점검은 늘 잘못이 있는 것처럼 해야 한다.

君子檢身, 常若有過.

• 춘추시대(春秋時代), 항창자(亢倉子)의 《항창자》

관료 노릇은 잠시지만 사람됨은 한평생이다

모든 당 간부는 무엇이 '사람됨'인가에 대해, 또 '고상한 인격'의 문턱을 잘 지키고 있는지에 대해, 그리고 무엇이 '공복'이며 '인민의 공복'이라는 숭고한 직책을 잘 이행하고 있는지에 대해 고민해야 한다.

무엇이 '권력'인가에 대해, 또 '인민을 위해 권력을 행사한다'는 원칙을 잘 지키고 있는지에 대해, 또한 무엇이 '시험'인가와 권력, 금전, 미인이라는 3대 시험에 잘 대처하고 있는지에 대해 생각해야 한다.

최근 반부패 운동의 강도가 강화되면서 많은 고위 관료가 속속 법망에 걸려들고 있다. 일반 인민들은 손뼉 치며 쾌재를 부르기도 하지만, 우리 당으로서는 착잡한 마음을 금할 수 없다.

'관료 노릇은 잠시지만 사람됨은 한평생'이라는 속담이 참 절묘하게 와 닿는 순간이기도 하다. 관료 노릇을 잘하기 위해서는 먼저 사람됨을 학습해야 한다.

고급 간부도 실상 보통 사람이고 보통 인민 가운데 하나에 불과하다. 만약 관료의 지위가 없다면 보통 사람과 다를 바가 없다. 하지만 한편으로 고급 간부는 보통 사람과는 다르다. 왜냐하면 그의 말한마디와 행동 하나가 사회적으로 중요한 의미를 갖기 때문이다.

관료로 재임할 당시에는 권력의 힘을 빌리려 찾아오는 사람도 많다. 그러나 낙마하거나 퇴임하면 찾아오는 사람이 아무도 없다는 것을 실제로 경험한 사람들도 있을 것이다. 따라서 관료 노릇을 잘하려면 먼저 사람됨을 수양해야 하고, 사람됨을 위해서는 먼저 덕에 뜻을 두어야 할 것이다.

관리의 덕 가운데 최고는
백성을 사랑하는 것이다

사람들은 흔히 "관료로서 인민을 주인으로 섬기지 못하면 집으로 돌아가 고구마를 파는 게 더 낫다"는 말을 한다. 옛사람도 "성인은 고정불변의 의지나 마음이 없고 오직 백성의 마음으로 자신의 마음을 삼는다(聖人無常心 以百姓之心爲心)"고 말했다. 또한 "관리의 덕 가운데 최고는 백성을 사랑하는 것이요, 관리의 행실 가운데 최악은 백성을 해치는 것이다"라는 말도 있다. 각급 당 간부는 '관본위(官本位)' 사상을 버리고 '관료가 되는 것을 대단한 벼슬로 여기는' 봉건적 관념을 극복해야 한다.

• 2007년 2월 5일, 〈절강일보〉 '지강신어' 칼럼에서

출처

관료의 덕 가운데 백성을 사랑하는 것만큼 높은 것은 없으며,
관료의 행실 가운데 백성을 해치는 것만큼 나쁜 것은 없다.
德莫高于愛民, 行莫賤于害民.
• 서한(西漢), 유향(劉向)의 《안자춘추(晏子春秋)》

간부의 고생과 인민의 행복을 교환하라

당 간부는 인민과의 관계에서 갑이 아닌 을이라는 점을 올바르게 인식해야 한다. '작은 일'에서 시작하되 그 작은 일을 인민의 마음에 쏙 들 정도로 잘 처리하려면, 인민이 무엇을 원하는가에 대해 세심한 관심을 기울여야 한다. 인민의 방문, 편지, 이메일 하나하나에 대해 만약 이미 약속한 것이라면 그대로 처리하고, 규정에 있는 것이라면 규정대로 처리하며, 규정에 없는 것이라면 뭔가 조항을 만들어서라도 처리해야 한다.

해결하기 어려운 일은 인내심을 갖고 인민에게 설명을 잘해야 하고 대충대충 처리하거나 미루지 말아야 한다. 작은 일을 잘 처리해서 큰 일까지 잘 성사시켜야 하고, 인민이 뜨거운 관심을 보이는 일, 이슈로 떠오른 일, 어려운 과제 등에 집중해야 한다. 주변 것부터 착수해 핵심적인 것을 해결하고, 개별적인 문제부터 시작해 전체적인 문제를 풀어야 한다.

인민을 위해 일을 처리하는 게 그저 구호에 그쳐서는 안 된다. 인민이 실질적인 혜택을 얻을 수 있는지에 기준을 두어야 한다. 또 최선을 다하면서도 자신의 능력을 헤아려서 행하고, 구체화시키는 과정에서는 자신의 진정한 실력을 보여줘야 한다.

인민이 찬성하는 일은 아무리 사소하더라도 최선을 다해 임하며, 인민의 이익에 손해를 끼치는 일은 절대 하지 말아야 한다. 즉, 간부의 고생 지수(指數)와 인민의 행복 지수를 교환해야 한다.

강물을 마실 때는
강물의 근원을 생각하라

옛사람은 "열매를 먹을 때는 그 열매 맺은 나무를 생각하고, 강물을 마실 때는 그 강물의 근원을 생각한다"고 말했다. 오늘날 기업은 사회의 기본 단위고, 사회는 기업 성장의 기반이 되는 모체다. 따라서 기업은 자기 발전을 도모하는 동시에 '기업이라는 인민'으로서 물을 마실 때면 그 근원을 생각해 사회에 보답해야 한다. 이는 기업으로서 미룰 수 없는 사회적 책임이자 조화로운 사회 건설의 중요한 내용이다.

• 2007년 1월 15일, 〈절강일보〉 '지강신어' 칼럼에서

출처

열매를 먹을 때는 그 열매 맺은 나무를 생각하고
강물을 마실 때는 그 강물의 근원을 생각한다.
落其實思其樹, 飮其流懷其源.
• 남북조시대(南北朝時代), 유신(庾信)의 《징조곡(徵調曲)》

실(實): 열매.
류(流): 물줄기.

우물을 판 사람을 잊지 마라

중국에 "물을 마시면서 우물 판 사람을 잊지 말아야 한다"는 말이 있다. 이 말은 당신이 어떤 성과를 내어 그로 인한 혜택을 누리게 되었을 때 그 성과를 내도록 도와준 사람을 잊지 말아야 함을 알려준다.

우리 당의 권력은 인민이 부여한 것이고 인민이야말로 이 나라의 주인이다. 지난 수십 년 동안 우리 당이 날로 강해진 것은 당의 정치적 강점인 인민을 위해 봉사하자는 원칙을 견지한 데서 가장 크게 은혜를 입었다.

다시 말해 13억 동포야말로 우물을 판 사람으로, 조화로운 사회라는 감천(甘泉)을 한마음 한뜻으로 파서 우리 당에 우물물을 끊임없이 제공해주고 있는 것이다. 주지하는 바와 같이 나무의 뿌리가 확고히 자리 잡고 있어야 가지와 잎이 무성하게 자랄 수 있다.

인민은 우리 당이라는 큰 나무의 뿌리다. 이 뿌리를 확고히 안정시켜야 당도 힘이 생길 수 있다. 나날이 새로워지는 오늘날 우리 당은 한 국가의 집권당으로서 그 근본을 명심해 인민에게서 나오고 인민에게 들어감을 견지하며 인민을 깊이 이해해야 한다.

우리 당이 '말단 현장으로 내려가서 민생에 혜택을 주도록 하자'는 등의 활동을 펼치는 목적은, 전체 당 간부에게 근본을 잊지 말고 중국이 어떻게 한 걸음씩 걸어왔는지 또한 역사의 창조자가 누구인지를 망각하지 않도록 교육시키기 위함이다.

당이라는 우물이 있을 때 이 우물을 판 이는 바로 인민으로, 달고 맛있는 물을 얻으려면 인민의 지지를 받아야만 한다. 인민의 지지가 없다면 한낱 버려진 우물로 전락하고 말 것이다.

절약하면
천하가 가난할 리 없다

예부터 중화민족은 근검절약을 원칙으로 집안을 꾸리고 모든 일을 알뜰하게 처리할 것을 주장해왔다. 옛사람들은 "농업을 강화하고 절약하면 천하가 가난할 리 없다"는 말을 했다. 이 말은 돈벌이의 기초를 튼튼히 하고 지출을 줄인다면 살림을 윤택하게 만들 수 있다는 의미다. 현재 경제가 지속적으로 발전하고 재정이 부단히 개선되며 이윤이 커지고 인민의 수입 또한 늘어나고 있다. 이러한 성적표는 고무적이지만 사람들을 쉽게 현실에 안주하게 만들고, 심지어 새로운 목표로 나아가게 하지 못한다. 따라서 지나친 겉치레에 재물과 인력을 낭비하는 풍조를 근절하고 근검절약의 기풍을 다시 주장하는 것은 지금 울려야 할 경종 가운데 하나다.

- 2007년 1월 12일, 〈절강일보〉 '지강신어' 칼럼에서

출처

농업을 강화하고 비용 지출을 줄이면,
천하가 가난해질 리 없다.

強本而節用, 則天不能貧.

- 전국시대(戰國時代), 순황(荀況)의 《순자(荀子)·천론(天論)》

강(强): 강하게 만들다, 강화시키다.
본(本): 농업을 가리킨다.
절(節): 절약하다.
빈(貧): 사람을 빈곤하게 만들다.

나라도 절약하지 않으면 반드시 망한다

최근 우리 사회에 만연해 있는 낭비 풍조는 놀라울 정도로 심각하다. 지나친 겉치레로 돈을 낭비하는 것은 결코 작은 일이 아니다. 이것은 중국의 기본 국정 원칙에 어긋나고 우수한 전통문화에서 벗어날 뿐만 아니라 당풍과 사회 분위기 등을 망칠 수 있다.

중국에 아직도 수많은 빈곤층이 있다는 사실을 고려할 때, 심각한 낭비 현상이 근절되지 않는다는 것은 몹시 가슴 아픈 일이다. 낭비 풍조는 무조건 뿌리 뽑아야 한다. 즉, 당을 엄격하게 다스리고 인민에게서 신임을 얻기 위해서는 '낭비 반대'를 하나의 정치적 의무 조항으로 만들어 업무 기풍의 개선을 위한 돌파구로 삼아야 한다.

절약은 영광이고 낭비는 수치라는 사상을 적극 홍보해, '절약' 정책을 엄격히 시행하고 '낭비 반대'가 사회적 기풍이 될 수 있도록 노력해야 한다. 자원이 적재적소에 배분되는지에 대한 감독과 검사를 강화하고 절약을 격려하며 낭비를 억제해야 한다.

특히 행정상의 문책과 감시, 감독을 결합시켜, 권리가 있으면 반드시 의무가 있고 의무가 있으면 반드시 확인해야 하며 잘못이 있으면 반드시 수정하도록 하는 등 책임감 있는 정부를 만들어나가야 한다.

사람은 절약하지 않으면 자리 잡기 어렵고, 가정은 절약하지 않으면 흥할 수 없으며, 당에 절약이 없으면 반드시 권력을 잃고, 나라에 절약이 없으면 필연적으로 망한다.

군중의 이익에
작은 일이란 없다

인민을 위한 정치를 하기 위해서는 실제적인 일들을 하나하나 구체화해야 한다. 경제·사회 발전을 추진하고 전체 사회에 혜택을 주는 '큰 일'뿐만 아니라, 인민의 일상생활과 직결되는 '작은 일'까지 구체화해야 한다. "군중의 이익에 작은 일이란 없다"는 말이 있다. 군중의 이익을 위한 '작은 일'을 잘하기 위해서는 '큰 일'을 처리하는 것처럼 해야 한다. 또한 인민을 위한 실제적인 일을 구체적으로 처리하는 과정에서 실용적으로 효과를 내겠다는 정신을 뚜렷이 지녀야 한다.

• 2007년 1월 7일, 〈절강일보〉 '지강신어' 칼럼에서

출처

군중의 이익에 작은 일이란 없으며
민생의 문제는 하늘보다 더 큰 법이다.

群衆利益無小事, 民生問題大于天.

• 현대 민간 속담

관가의 문턱을 낮춰라

당 간부가 인민과의 관계를 잘 맺기 위해서는 용감하게 인민과 직접 만나 업무를 처리해야 한다. 의사결정과 업무 추진 시 인민의 이익을 최우선으로 고려해야 한다. 인민의 지갑이 일찌감치 두터워지고 인민의 생활이 날로 윤택해지도록 최선을 다해야 한다.

당 간부가 말단 현장에 익숙해지고 민의를 존중할수록 업무에서의 발언권은 더욱 커지고 인민도 그를 더욱 존중하며 신뢰할 것이다. 당 간부의 손에 쥐고 있는 권력은 인민이 준 것임을 명심해야 한다. 그가 인민을 경시해야 할 아무런 이유가 없는 것이다.

인민이 정부를 언제라도 방문할 수 있도록 관가의 문턱을 낮춰야 한다. 그리고 인민을 맞이함에 있어 '민원을 가장 먼저 접수한 사람이 책임진다'는 원칙을 시행해야 한다. 또한 아주 사소한 부분에 있어서도 인민의 인격과 권리, 그리고 지위를 존중하여, 마치 집안의 가장처럼 그 권력을 충분히 행사할 수 있도록 해야 한다.

수시로 말단 현장에 내려가 인민이 기꺼이 그 속마음을 말할 수 있게 해야 한다. 그래야만 인민과의 거리를 줄이고 인민의 진심에서 우러나오는 옹호와 지지를 얻을 수 있을 것이다.

당 간부가 인민에게 베푸는 온정에 따라 당 간부를 향한 인민의 마음도 자라난다. 당 간부가 좀 더 근면하고 힘을 낼수록 당의 영광은 더욱 커지는 법이다. 인민의 만족도를 업무 평가의 최고 기준으로 삼아야 한다.

백성의 근심을 근심하면
백성도 윗사람의 근심을 근심한다

인민을 위해 실질적인 일을 했는지는 인민이 가장 잘 안다.
따라서 인민이 효과적인 평가자가 되도록 해야 한다. 곧 이것
은 "백성이 즐거워하는 것을 즐거워하면 백성도 그 윗사람의
즐거움을 즐거워할 것이고, 백성이 근심하는 것을 근심하면
백성도 그 윗사람의 근심을 근심할 것이다"라는 말처럼 해야
한다는 것이다. 우리 모두가 인민을 위해 실질적인 일을 잘하
면 인민의 행복감이 높아지고 인민과 당 위원회, 정부 간에
서로 마음이 통하게 되고 조화로운 사회를 구축하는 기반이
더욱 튼튼해질 것이다.

• 2007년 1월 7일, 〈절강일보〉 '지강신어' 칼럼에서

출처

통치자가 백성이 즐거워하는 것을 함께 즐거워하면
백성도 통치자의 즐거움을 함께할 것이요,
통치자가 백성이 근심하는 것을 함께 근심하면
백성 또한 통치자의 근심을 함께 근심할 것이다.
樂民之樂者, 民亦樂其樂; 憂民之憂者, 民亦憂其憂.

• 전국시대(戰國時代), 맹자(孟子)의 《맹자·양혜왕 하(梁惠王下)》

현인도 노는 데 흥미가 있다

어느 날 제(齊)나라 선왕(宣王)이 그의 이궁(離宮)에서 맹자를 접견하곤 "현인인 당신도 노는 데 흥미가 있는가"라고 물었다. 맹자가 "당연히 있지요. 그렇지만 군주는 백성과 함께 그 즐거움을 누려야 합니다"라고 대답했다.

맹자는 이어 "통치자가 백성이 즐거워하는 것을 함께 즐거워하면 백성도 통치자의 즐거움을 함께할 것이요, 통치자가 백성이 근심하는 것을 함께 근심하면 백성 또한 통치자의 근심을 함께 근심할 것이다"라고 말했다. 이 말은 현명한 군주라면 항상 백성과 더불어 동고동락하고 호흡을 함께하며 천하의 백성을 마음에 담고 있어야 함을 뜻한다.

만약 군주가 백성이 좋아하는 바를 좋아하면 백성도 군주가 좋아하는 바를 좋아하고, 군주가 백성이 근심하는 바를 근심하면 백성도 군주가 근심하는 바를 근심하게 된다. 천하의 즐거움을 자기의 즐거움으로 삼고 천하의 우려를 자기의 우려로 삼았는데도 왕이 되지 못하는 일은 없을 것이다.

인민이 당에 거는 기대는 항상 소박하면서도 실질적이다. 인민은 자기의 마음을 토로하고 싶어 하고 배려와 관심의 대상이 되고 싶어 한다. 각급 당 간부가 이런 인민의 기대를 잘 읽고 일해야 그의 업무가 헛되지 않을 것이다.

당 간부는 '군중이 진정한 영웅'이라는 도리를 명심해야만, 인민을 위해 봉사하고 인민을 단결시키는 것을 자기 사명으로 삼을 수 있다. 또한 이를 통해 우리는 인민의 지킴이 역할을 하는 친구가 될 수 있다.

4

탁한 물은 흘려보내고
맑은 물을 끌어들여라

정치는 농사일처럼
밤낮으로 생각해야 한다

고급 간부는 심도 있는 학습을 통해 인생 목표를 원대하게 확립하고, 심사숙고를 통해 과학적인 업무 계획을 세워야 한다. "정치는 농사일처럼 밤낮으로 그것만 생각해야 한다"고《좌전(左傳)》은 말하고 있다. 또 옛사람은 "자기를 사랑하는 것처럼 남을 사랑하라(愛人如己)"고도 말했다. 간부는 인민을 위하는 것을 자신을 사랑하는 것처럼 하고 전심전력을 기울여 밤낮으로 신경 써야만 시대와 사회에, 그리고 인민에게 부끄럽지 않은 업적을 남길 수 있다.

• 2006년 12월 11일, 〈절강일보〉 '지강신어' 칼럼에서

출처

정치는 농민이 농사일을 하는 것처럼 밤낮으로 그것만 생각해야 한다.

政如農功, 日夜思之.

• 춘추시대, 좌구명(左丘明)의《좌전·기사본말(紀事本末)·자산상정(子産相鄭)》

농공(農功): 농민이 농사일을 하다.

인민을 주인으로 모셔라

현재 형식주의, 관료주의, 향락주의, 사치풍조 등, 이 4대 악풍은 당 간부들한테 다양한 모습으로 나타나고 있다. 어떤 간부는 업무 기풍을 기다림이나 관망 등으로 변질시키는가 하면, 자신과 무관한 일이라며 거들떠보지도 않거나 몸만 풀고 티만 내기도 한다.

이들 모두는 영혼 깊숙한 곳에 이르기까지 당이 열심히 추진하는 '군중노선 교육실천 활동'에 참여하지 않는 행태로 볼 수 있다. 따라서 간부의 업무 풍조를 세우는 것부터 착수해야 하고, 이를 위해 고급 간부부터 솔선수범해 말단 현장에 깊이 들어가 인민의 고통을 몸소 체험해야 한다.

인민을 마음속 가장 높은 곳에 올려놓고 인민이 곧 주인이라는 점과 인민이 곧 부모라는 정신을 잊지 말아야 한다. 또한 인민을 스승으로 모시며, 당의 집권 능력 향상을 인민의 창조적 실천 활동과 굳게 결합시켜야 한다.

인민을 위해 봉사한다는 말이 빈말이나 상투어, 관료 티 풍기는 말이 되어서는 안 된다. 당 간부라면 좁은 마당에서 벗어나 과감하게 인민 속으로 깊이 들어가 인민과 함께 하나가 되어야 인민의 실제 상황을 파악할 수 있다.

그래야 인민의 근심을 해결하고, 인민의 후생복리를 개선하며, 인민의 마음을 따뜻하게 해줄 수 있다. 그럴 때 인민의 신임과 지지를 획득할 수 있다. 정치는 농민이 농사일을 하는 것처럼 씨 뿌린 후에 바람 불거나 비 오거나 흐리거나 맑거나 간에 애태우지 않을 때가 없듯 해야 하는 것이다.

대추꽃은 작지만
열매를 맺는다

무슨 일을 구체화하는 과정에서는 '끈기'가 필요하다. 끈기와 항심을 갖고 철저히 구체화시켜 매년 효과를 거둬야 한다. 또한 구체화 과정에서는 '실질'을 추구해야 한다. "모란꽃은 보기에는 좋지만 실속이 없고, 대추꽃은 작지만 열매를 맺는다"는 말처럼, 정치에 종사하는 도리의 핵심은 성실하게 일하는 것이다. 진리를 추구하고 실제 효과를 내는 일을 착실하게 해야만, 당과 인민 사업의 발전에 유익한 실질적인 일을 진정으로 해낼 수 있다. 그리고 역사의 검증을 견딜 수 있는 진정한 실적을 낼 수 있는 것이다.

- 2006년 3월 1일, 〈절강일보〉 '지강신어' 칼럼에서

출처

모란꽃은 비록 보기에는 좋지만 실속이 없고
대추꽃은 비록 작아도 열매를 맺는다.
牡丹花好空入目, 棗花雖小結實成.
- 청대(清代), 주희도(周希陶) 수정(修訂)의 《증광현문(增廣賢文)》

헛된 이야기는 하지 마라

화려하지만 실속이 없는 모란꽃은 보기에 좋지만 눈을 즐겁게 해줄 뿐 허기진 배를 채워주지 못한다. 반면 대추꽃은 작아서 눈에 잘 띄지 않지만 그 열매인 대추는 식용으로 쓸 수 있어서 사람에게 유익하다.

위진(魏晉)시대 사대부 사이에는 나쁜 풍조가 성행했다. 그들은 허무를 숭배하고 세속의 일을 떠나 화려한 옷차림을 한 채 한없이 거창한 담론을 늘어놓고 매우 현묘해 이해하기가 어려운 이른바 청담(淸談, 공리공담)을 일삼았다. 그 결과 오호(五胡)가 반란을 일으켜 진(晉)나라는 동천(東遷)할 수밖에 없었다.

또 하나의 이야기가 있다. 옛날에 두 사람이 하늘에 나는 새 한 마리를 보고 화살은 쏘지 않으면서 이 새를 어떻게 요리해 먹을지에 대해 다투느라 정신이 없었다. 한 명은 이렇게 요리해서 먹자 하고, 다른 한 명은 저렇게 요리해서 먹자고 했다. 이렇게 의견이 일치하지 못하는 사이에 새는 이미 날아가버렸다. 쓸데없는 공담(空談)으로 기회를 놓친 이런 이야기에서 우리는 큰 교훈을 얻어야 한다.

일부 당 간부 사이에서 벌어지고 있는 공담 현상도 꽤 심각하다. 가령 일부 간부의 경우 말과 행동이 따로 논다. 말로는 하루 종일 전심전력으로 인민을 위해 봉사하겠노라 하고서 실제로는 인민이 추운지 더운지 전혀 관심 없다.

이와 같은 간부의 공담은 아주 나쁜 해악을 낳는다. 즉, 인민들이 지니고 있는 당의 이미지를 심각히 손상시켜 노동자 계급 선봉대로서의 당의 성격에 먹칠하는 것이다.

정치의 핵심은
민심을 얻는 데 있다

각급 간부는 인민들 사이에 갈등이 있을 경우, 그들의 이익을 위해서는 '어떠한 일에도 사소한 것은 없다'는 관념을 확고히 가지고 인민의 입장에 서서 난제를 풀어야 한다. 아울러 민의의 표현 경로를 잘 구축해 인민이 이성적이고 합리적인 방식으로 자기 의사를 표출하도록 이끌고 당과 인민, 간부와 인민의 관계가 조화롭게 되도록 힘써야 한다. 곧 '정치의 핵심은 민심을 얻는 데 있기' 때문이다.

• 2006년 11월 29일, 〈절강일보〉 '지강신어' 칼럼에서

출처

정치의 핵심은 민심을 얻는 데 있다.

政之所要, 在乎民心.

• 고대 민간 속담

백성은 나라를 이루는 근본이다

정권은 민의에 순응하며 인민의 이익을 도모할 때 장기간 흥성할 수 있다. 우리 당이 정권을 획득하고 장기 집권할 수 있었던 것은 창당 당시부터 전심전력으로 인민을 위해 봉사한다는 취지를 수립했기 때문이다.

신중국 성립 후 얼마 되지 않았을 때 마오쩌둥은 자기 경비원이 고향 친척을 보러 간다는 말을 듣고 이렇게 타일렀다. 즉, 당 중앙에서 일한다 해서 결코 우쭐대거나 잘난 척하지 말고, 고향 주민들이 우리 정부를 어찌 보는지 민심을 살피라고 말했던 것이다.

"민심을 얻는 자가 권력을 잡고 민심을 잃는 자는 권력을 잃는다"는 말이 있다. 민심의 향배는 하나의 정당 또는 정권이 장기적으로 흥성하고 패배하지 않을 수 있게 하는 근본 요인이다.

하나의 집권당이 민심을 얻어 사회 안정을 장기적으로 끌고 가려면, 기본적으로 당 간부의 인민관이 올바르게 수립되어야 한다. 당 간부의 뿌리, 혈맥, 역량이 모두 인민에게 있음은 너무나 당연한 일이다.

"백성은 나라를 이루는 근본이고, 근본이 확고하면 나라가 안녕하다"는 말도 있다. 당 간부는 마음을 다해 인민과 하나가 되어야 한다. 인민의 생활 속으로 파고 들어가야만 그들과 하나가 될 수 있다.

인민이 간부를 방문할 수 있고 말을 건넬 수 있으며 감정을 표현할 수 있다면, 인민의 근심을 해결할 수 있을 것이다. 인민을 진정으로 이해하면 그들에게서 사랑스러움을 발견할 수 있고, 인민의 절친이 될 수 있다.

관리가 일을 피하는 것은 평생의 치욕이다

간부라면 필수적으로 용감한 책임 정신을 지니고 있어야 한다. 옛사람들은 "관리는 일을 피하는 것을 평생의 치욕으로 삼아야 한다"고 말했다. 또 "어떤 직책을 맡았으면 최대한 책임지고 어떤 지위를 맡았으면 그 자리에 맞는 정치를 펴야 한다(任其職盡其責 在其位謀其政)"고도 말했다. 당 간부가 중책을 맡았다면 무거운 짐을 짊어질 수 있어야 그 업무를 감당할 수 있다. 무거운 짐을 짊어진다는 것은 용감하게 책임을 져야 한다는 의미다. 용감하게 책임지기 위해서는 과감한 자세로 일하고 과감하게 자신을 단속해야 한다. 또 분발해 성취하는 것을 영광으로 여기고 책임을 지지 않거나 무사안일을 추구하는 것을 치욕으로 여겨야 한다. 또 사방팔방 앞뒤를 재며 두려워하는 태도를 단호히 극복하고, 미움을 사거나 비난당하는 것을 두려워하지 않아야 한다.

- 2006년 10월 24일, 〈절강일보〉 '지강신어' 칼럼에서

출처

되는대로 사는 것을 부끄럽게 여기고
일을 피하는 것을 치욕으로 삼아야 한다.
以苟活爲羞, 以避事爲恥.

- 청대(淸代), 증국번(曾國藩)의 《치심경(治心經)·성심 편(誠心篇)》

구활(苟活): 부끄러움을 가지고 살아가다.

낙엽이 떨어져 머리가 깨질까 두려워 마라

태평천국(太平天國)의 난을 평정한 지도자 증국번은 관리나 정치인이 "일을 회피하고, 실질적인 일은 하지 않으며, 일에 직면해 달아나거나, 일을 진지하게 처리하지 않으며, 또 어떤 자리에 처해서 맡은 일을 도모하지 않거나, 어떤 직무를 맡고서도 그 책무를 다하지 않는 것을 가장 큰 치욕으로 여겨야 한다"고 생각했다.

그러나 오늘날 당 간부들 가운데는 일을 피하거나 두려워하고, 심지어 교활한 수단을 부려 자기 이익을 챙기는 소인배가 섞여 있다. 이러한 사람들은 해야 할 말을 하지 않고 얼버무리거나, 해야 할 일을 하지 않고 책임을 미루거나, 져야 할 책임을 지지 않고 지나치게 소심하거나 신중해서 낙엽이 떨어져 머리가 깨질까 두려워하기도 한다.

가령 비판과 자아비판을 통해 사상 교류를 하는 당내 민주생활회(民主生活會)에서 발생한 일부 문제는 민감하고 중요하며 아주 시급히 해결해야 하는데도 아예 이를 건드리지 않고 무의미한 말만 주고받으며 시간을 보낸다.

꾀병이나 엄살을 부리고, 아프지도 가렵지도 않은 말을 골라 하며, 비판에는 가시가 없고 칭찬만 난무하는 등 서로 띄워주는 분위기 일색이어서, 민주생활회는 공적을 칭찬하고 장점을 발표하는 '집단 안마 모임'으로 변질되고 말았다.

책임을 용감하게 감당하는 것은 관료의 덕 가운데 하나다. 모든 당 간부는 '어려운 일을 피하지 않고 책임에서 달아나지 말겠다'는 정신으로 골칫거리나 돌발적인 일에 적극 대응해나가야 한다.

인민을 위하는 자는
인민이 추종한다

예부터 "모든 면에서 인민을 위하는 자라면 인민이 그를 추종하게 된다"고 했다. 일심으로 촌민을 위해 뛴 우수한 당 간부 정지우완(鄭九萬)의 정신이 구현하려는 것은 바로 인민을 위하는 당의 취지이고, 정지우완과 같은 사례가 실현하려는 것은 바로 우리 당원의 선진성이며, 정지우완과 같은 현상이 말하려는 것은 바로 민심 향배의 문제다.

• 2006년 7월 24일, 〈절강일보〉 '지강신어' 칼럼에서

출처

일체 모든 것을 인민을 위해 일하는 자는
인민이 그를 추종하게 된다.
一切爲民者, 則民向往之.

• 고대 민간 속담

향왕(向往): 부러워하며 자신도 그렇게 행동하기를 원하다.

사회주의와 시장경제를 결합하라

전심전력으로 인민을 위해 봉사하는 것은 우리 당의 유일한 취지이고 우리 당의 모든 행동의 근본적인 출발점이자 도착점이다. 이제 우리 당은 개혁개방과 사회주의 시장경제 발전의 새로운 형세에서 인민을 이끌고 사회주의 현대화 건설을 계속 추진하며, 중화 민족의 위대한 부흥을 실현해야 한다. 모든 당원, 특히 고급 당 간부는 당의 취지를 무조건 명심하고 인민을 위해 봉사하는 것을 자발적으로 지켜나가야 한다.

정권을 쥐고 나라를 흥성하게 만들어야 하는 이 가장 중요한 임무를 어떻게 힘차게 추진할 것인가는 당 간부가 새로운 형세에서 반드시 답해야 할 문제다. 세계 경제와 과학 기술의 발전 추세, 그리고 중국의 발전이라는 새로운 형세에 맞춰 사회주의 제도의 우수성과 시장 메커니즘의 역할을 잘 결합해야 경제 관련 업무의 수준을 제고시킬 수 있다.

따라서 당 간부는 마치 경쟁하듯이 학습에 뛰어들어 시장경제를 발전시키는 능력을 열심히 배우고 익혀 의사결정을 과학적으로 잘 할 수 있도록 노력해야 한다. 당 간부는 또 부패를 막고 변질을 방지하는 능력을 높여야 한다.

어떤 당 간부는 권력으로 사적인 이익을 도모하고 부패와 횡령을 일삼는다. 또 사사로운 이익을 위해 부정한 행위를 하고 권력으로 금전과 거래를 행한다. 또 어떤 간부는 공금을 탕진하고 주지육림에 빠지는 등 인민이 혐오하는 짓을 하기도 한다. 즉, 이들은 당의 취지를 망각하고 자신을 위해 권력을 행사하는 동시에, 그 권력행사로 인해 결국은 자기를 망치고 있다.

삶에는 끝이 있어도
앎에는 한계가 없다

"삶에는 끝이 있지만 앎에는 한계가 없다"는 말이 있다. 학습 연마는 끝이 없기에 고생스러워도 지혜롭게 할 필요가 있다. 독서는 현명하게 하고 현명한 힘으로 해야 한다. 성실하게 깊이 있게 읽어야 하고 취사선택이 필요하며 생각을 중시해야 한다. 또 해로운 정보로 우리 뇌를 채우지 않게 해야 한다. 독서를 만만하게 여기지 말아야 한다. 대략적인 뜻만 파악하고 깊이 파고들지 않거나 비판 없이 그대로 받아들이거나 본질이나 핵심을 놓치는 일 등은 피해야 한다.

• 2006년 3월 1일, 〈절강일보〉 '지강신어' 칼럼에서

출처

내 생애는 끝이 있으나 지식에는 한계가 없다.
유한한 생으로 무한한 지식을 추구하니
위태롭기 짝이 없구나!
吾生也有涯, 而知也無涯, 以有涯隨無涯, 殆已.
• 춘추시대(春秋時代), 장자(莊子)의 《장자·양생주(養生主)》

자연 앞에서 권력은 뜬구름이다

한 개인이 자연보다 위대할 리가 없다. 대자연 앞에서 자신의 존재가 미약하고 자기 인식이 유한함을 인정해야 한다. 맹목적으로 우쭐대며 잘난 척하는 것은 인생을 망치는 지름길이다.

인류는 자연의 일부이고 누구나 최종적으로는 자연으로 돌아간다. 만약 자연이 없다면 우리는 무엇이 될 수 있나. 아무것도 아닐 것이다. 자연은 인류 자체를 포함한 모든 것을 우리에게 준다.

그러나 인류는 그 은혜를 갚을 생각은 하지 않고 오히려 자연을 제멋대로 강탈하며 무차별적으로 파괴하고 끊임없이 더 많은 것을 요구한다. 인류는 스스로 똑똑하다고 생각하지만 실제로는 어리석기 짝이 없다. 제 꾀에 제가 속아 넘어가는 것과 같은 형국이다.

자연이 비록 말을 할 수 없지만 그렇다고 해서 반항하지 않는 것은 아니다. 자연의 참을성은 놀랍지만 그 인내에도 한계는 있다. 침묵의 반항은 강력하다. 마침내 누적된 분노가 일단 폭발하면 그 거대한 위력은 인류가 감당할 수 있는 범위를 넘어선다.

인류의 힘은 자연에 비해 참으로 거론할 가치가 없을 정도로 미미하다. 최근 대자연이 인류에게 엄중한 경고음을 내고 있으니, 마침내 인류가 깨달을 때도 되었다.

당 간부로서 이와 같은 도리를 잘 알아야 '터무니없는 지휘'를 줄일 수 있고, 자연 규칙에 위반된 잘못을 범하지 않거나 줄일 수 있다. 자동차나 집, 금전, 권력, 지위, 명예 등 그 모든 것은 위대한 자연 앞에서 한낱 뜬구름에 지나지 않는다. 어쩌면 뜬구름도 못될 수 있다.

고요하지 않으면
먼 데까지 이를 수 없다

"담백하지 않으면 뜻을 밝힐 수 없고, 고요하지 않으면 먼 데까지 이를 수 없다"는 말이 있다. 조급해서는 안 된다. 담담하게 처신하고 조용하게 생각하며 의지를 단련하고 뜻을 다지며 외로움을 견뎌내고 가난함에 굴하지 말아야 한다. "조용하고 나서야 안정될 수 있고 안정되고 나서야 사색할 수 있으며 사색하고 나서야 성취할 수 있는 법이다(靜而後能安 安而後能慮 慮而後能得)." 무거운 짐을 질 수 있어야 무거운 임무를 감당할 수 있다. 업무는 성실함에 의지하고 사업은 실천에 의지하는 것이다. 모든 당 간부는 쓸데없이 부풀리거나 실제 상황에서 벗어나지 말고 착실하게 실적을 내어 인민을 확실하게 만족시켜야 한다.

• 2006년 2월 27일, 〈절강일보〉 '지강신어' 칼럼에서

출처

담백하지 않고서는 그 뜻을 밝힐 수 없고
고요하지 않고서는 먼 곳까지 이를 수 없다.
非淡泊無以明志, 非寧靜無以致遠.

• 삼국시대(三國時代), 제갈량(諸葛亮)의 《계자서(誡子書)》

지(志): 지향.

마음에 사욕이 없으니 하늘과 땅이 넓어진다

일부 당 간부의 조급한 풍조는 다음과 같은 세 가지 방면에서 드러나고 있다.

첫째, 눈앞의 성공과 이익에 급급하며, '짧고(短) 밋밋하며(平) 빨리빨리(快)'에 열중하고, '자신을 드러내기' 좋아한다. 오늘은 고층 빌딩의 높이를 경쟁하고 내일은 도로와 광장을 앞다퉈 건설하며, 임기 안에 정치 업적을 내는 것만 중시하지 사업 발전에 있어서의 장기적인 계획은 부족하다.

둘째, 큰일을 하거나 공 세우기를 좋아한다. 겉치레만 중시하고 수량에만 치중하며 품질은 경시한다. '이미지 프로젝트', '업적 프로젝트', '숫자 프로젝트' 등을 벌이고, 심지어 정치 업적을 위해 상사를 기만하고 부하를 속이기도 한다.

셋째, 깊이 들어가지 않고 표절과 모방을 일삼으며, 대충 사인하는 것에만 만족하지 침착하게 일하지도 못하고, 마음을 차분하게 가라앉히고 학습하지도 못한다. 또한 의사결정을 할 때는 머리만 두드리고 일 처리할 때는 가슴만 두드리다 정작 사고 나면 엉덩이를 털고 일어나 홀쩍 떠나버리고 만다.

당 간부의 조급함이 커지면, 일을 급하게 이루려다 오히려 그르치고 눈앞의 이익에만 급급하며 장래를 생각지 않게 된다. 당 간부가 조급함을 경계하기 위해서는 사람됨의 품격과 정치하는 도리를 굳게 견지해야 한다. 올바른 세계관과 인생관, 가치관, 그리고 권력, 지위, 이익에 대해 올바른 관점을 수립해야만, 마음에 사리사욕이 없어져 온 세상이 넓게 보이는 것이다.

조급하면
정신 집중이 어렵다

옛사람이 "마음이 들뜨면 조급하고 조급하면 정신집중이 어렵다"고 말했다. 이것은 사람 됨됨이가 착실하지 못하고 일을 성실하게 하지 못하며 뜻만 크되 재능이 부족하고 눈앞의 성공과 이익에만 급급함을 말하는 것이다. 당 간부가 조급한 마음을 가지게 되면, 개인적으로는 자주 짜증을 내고 불안한 심리 상태에 처하게 되지만 크게는 관료로서의 업무와 정치하는 데 나쁜 영향을 미친다. 조급함은 국가와 인민에게 손해를 끼쳐 그 후환이 끝이 없기에 이 고질병을 치료해야 한다.

• 2006년 2월 27일, 〈절강일보〉 '지강신어' 칼럼에서

출처

마음이 들뜨면 조급해지고
조급하면 정신을 한곳으로 모으기 어렵다.
心浮則氣必躁, 氣躁則神難凝.
• 고대 민간 속담

신난응(神難凝): 사람 됨됨이가 성실하지 못하고 일을 대충대충 처리하며, 포부는 크지만 마음이 산만하고 재능이 모자람을 의미한다.

마음을 고인 물처럼 하라

당 간부라면 힘들어도 힘들다는 말을 하지 않고, 어려워도 어렵다는 말을 하지 않으며, 공을 세워도 포상을 다투지 않아야 한다. 평상심을 갖고 평온한 마음으로 '명예'를, 담담한 마음으로 '지위'를, 만족한 마음으로 '이익'을, 경계심으로 '권력'을 대해야 한다.

당 간부는 모든 민원인에게 평온하면서도 건강한 마음을 가지고 대해야 한다. 마음을 고인 물처럼 차분하게 가지면 자신을 더 깊이 인식할 수 있다. 지식, 경험, 소질, 수양이 충분히 누적되었을 때에야 마음이 고인 물처럼 차분해질 수 있다.

당 간부는 또 모든 민원인을 서민의 마음, 즉 보통 사람의 마음으로 대해야 한다. 인민에게서 나오는 귀에 거슬리는 말은 자극적이기 때문에 사람의 마음을 찌르고 감정을 상하게 하며 짜증나게 한다. 그러나 귀에 거슬리는 말에는 인민과 사회의 실상, 심지어 국가의 실상에 대한 지적이 담겨 있다. 이에 대해 차분한 마음으로 경청하고 생각해야 그 원인이 읽히고 이치가 파악되며 문제점이 발견될 수 있다.

당 간부는 모든 민원인을 너그러운 마음으로 대해야 한다. 복잡한 갈등 속에 처할수록 자신의 마음을 오히려 편안하게 만들어야 한다. 어려운 일을 견뎌내고 마음을 가라앉힐 수 있어야 하며, 남을 이해하고 너그러이 대하여 모순을 해소해야 한다.

또한 득실을 따지거나 사소한 원한까지도 반드시 보복하는 그런 태도를 자제하고, 자신의 마음을 바다만큼 넓게 만들 줄 알아야 하며, 타인과 그들의 언행에 대해 포용하는 그런 기개를 갖추고 있어야 한다.

자기 일에 최선을 다하는 사람이
온 마음을 기울여 사업을 대한다

자신의 직업에 온 힘을 다하는 것은 하나의 미덕이고, 직업을 즐기는 것은 하나의 경지이다. 주희는 "자신의 일에 최선을 다하는 사람은 온 마음을 기울여 사업을 대한다"고 말했다. 본분에 임해서는 전심전력으로 직무에 충실하고 그 책임을 다해야 한다. 어떤 분야에 종사하게 되면 그 분야를 사랑해야 하고 그 분야를 연구해야 하며 전심전력으로 자기의 모든 역량을 투입해야 한다. 그 분야의 기술에 정통해야 하고 과거 경험에 얽매이지 않으며 남을 모방하지도 말고 더욱 잘하기 위해 노력하며 그 분야의 거장이 되도록 노력해야 한다. 우리 인생은 백 년이 안 되기에 꼭 해야 할 일은 사실 그 정도뿐이다. 한 가지 일을 하거나 한 종류의 직업에 종사하면서 일류가 되도록 노력을 아끼지 말아야 한다.

· 2006년 2월 27일, 〈절강일보〉 '지강신어' 칼럼에서

출처
자신의 일에 최선을 다하는 사람이라면
온 마음을 기울여 사업을 대할 것이다.
敬業者, 專心致志以事其業也.

· 남송(南宋), 주희(朱熹)의 《사서집주(四書集注)》

사(事): 대하다.

담백함 속에 뛰어남이 보인다

진리를 추구하고 실제 효과를 강조하기 위한 가장 기본적인 요구는 일을 구상하고 실천하며 업무에 온 힘을 기울이고 그 직업을 즐기는 것이다. 업무에 온 힘을 기울인다는 것은 사업을 중시하고 사업을 위해 전심전력을 다하는 것이다.

또한 직업을 즐긴다는 것은 열심히 일하고 그 일에서 즐거움을 찾는다는 것이다. 절대 다수의 당 간부는 부지런하고 성실하지만, 여전히 일부 간부가 마음을 업무에 두지 않고 그 정력을 다른 곳에 두는 현상도 있음을 우리는 주목할 필요가 있다.

숭고한 이상은 없이 온종일 승진과 치부만 생각하고 개인과 친척, 또는 작은 단체를 위해 이익을 도모하는 것에만 열중하는 사람이라면, 어떻게 마음을 업무에 두고 당과 인민이 맡긴 무거운 임무를 완성할 수 있겠는가.

직업에 온 힘을 진지하게 쏟는 정신은 인격과 직업도덕 정신이 훌륭함을 말해준다. 당 간부라면 쉬운 말만 골라서 하고 힘든 일은 회피하며 오로지 자신에게 유리한 것만 선택하는 등의 조급한 태도를 극복하고, 오히려 말을 적게 하며 일을 많이 하도록 해야 한다.

자신이 맡은 자리에서 원칙을 견지하고 자신의 본분을 잘 수행해야 한다. 또 개인의 진보를 당 사업의 발전에 융합시키고 성실하게 일함으로써 명예와 이익에 대해 담담한 태도를 취해야 한다.

"소박함 속에 아름다운 문장이 보이고 담백함 속에 뛰어남이 보인다"는 말처럼, 당 간부는 본분에 입각해 평범한 일상 업무를 잘 수행해야 당과 인민과의 관계를 긴밀하게 할 수 있다.

탁한 물은 흘려보내고
맑은 물은 끌어들여라

청나라 사상가 고염무(顧炎武)는 "나라를 태평하게 다스리고 관료의 기풍을 바로잡기 위해서는 탁한 물은 흘려보내고 맑은 물을 끌어들이는 일이 급선무다"라고 말했다. 즉, 악을 징벌하고 선을 권장해야 나라와 백관(百官)이 바로 선다는 것이다. 문관이 금전에 맛들이지 않고 무관이 목숨을 아까워하지 않아야 나라가 희망이 있고 안정될 수 있다.

• 2006년 2월 20일, 〈절강일보〉 '지강신어' 칼럼에서

출처

조정과 백관을 바로잡으려면

탁한 물은 흘려보내고 맑은 물을 끌어들이는 게 급선무다.

誠欲正朝廷以正百官, 當以激濁揚淸爲第一要義.

• 청대(淸代), 고염무(顧炎武)의 《여공숙생서(與公肅甥書)》

격탁양청(激濁揚淸): 좋은 것을 발전시키고 나쁜 것을 제거한다.

일은 기꺼이 과감하고 능숙하게 성사시켜야 한다

당 간부는 우리 당이 국가를 다스리고 집권하는 데 있어 핵심 역량이다. 당 간부가 바람직한 업무 기풍을 가져야 경제와 사회가 신속하고 순조로운 발전을 이뤄 과학적 발전의 새로운 국면을 개척해나갈 수 있으며, 조화로운 당과 인민의 관계, 그리고 조화로운 간부와 인민의 관계를 맺을 수 있다.

또한 당 간부는 진리를 추구하고 실제 효과를 강조하자는 분위기를 살려, 실정을 알고 실질적인 방안을 마련하며 실질적인 일을 하고 실제 효과를 추구하도록 노력해야 한다. 마음을 하나로 모아, 일을 기꺼이 과감하고 능숙하게 성사시키는 바람직한 분위기를 만들어야 한다.

당 간부는 맡은 책임을 과감하게 감당하되, 문제가 있을 경우 자신부터 원인을 찾고 자신의 과실을 반성하는 등 스스로 모범이 되는 역할을 잘하는지를 감독해야 한다. 또한 당 하부에게 소질과 책임감이 부족하다며 그 책임을 미루면 안 되고, 서비스 대상이 사리에 어둡다며 원망해서도 안 된다.

비판과 자아비판의 과정에서 이치를 담대하게 따지고, 자신에 대한 분석에서는 진실하고 심각해야 한다. 타인의 충고에 대해서는 자신이 그런 잘못이 있으면 고치고 없으면 그런 잘못을 범하지 않도록 노력하는 태도를 견지해야 한다.

청렴하게 정치에 종사하라는 것은 인민의 요구이고 당 간부에 대한 당 중앙의 기본 요구이자 당원의 선진성을 유지하기 위한 본질적 요구다.

이익은 천하에,
명예는 백성에게 돌려라

최근 체제 변화와 사회 전환의 중요한 역사적 시기를 맞아 사회적 이익 관계가 더욱 복잡해지고 있다. 각종 이익의 충돌과 갈등 앞에서 당 간부는 의연하게 사람 됨됨이를 수양해야 한다. 한마음으로 인민을 위하고 인민을 뿌리로 여겨야 한다. "이익은 천하에 귀속시키고 명예는 백성에게 돌려야 한다"는 말처럼 담담한 마음으로 한 지방의 복리를 증진시키고 한 지역의 안전을 강화시키도록 노력해야 한다. 만약 당 간부가 자신을 단속하는 마음을 잃어버리고 시대 조류에 휩쓸려 이익을 추종하고 세속에 영합하며 방종한 생활을 한다면, 옳고 그름을 혼동하고 그릇된 길로 들어서게 되어 결국에는 국가를 '황제는 태만하고 환관이 판을 치며 백성은 망하고 정치가 실종된' 상황에 빠뜨릴 것이다.

• 2006년 2월 20일, 〈절강일보〉 '지강신어' 칼럼에서

출처
이익은 천하에 귀속시키고
명예는 백성에게 돌려야 한다.
利歸天下, 譽屬黎民.

• 고대 민간 속담

여민(黎民): 백성.

온수 효과에 빠지지 마라

당 중앙이 추진하는 '8항 규정' 지키기와 '4대 악풍(惡風)' 반대운동은 손오공을 꼼짝 못하게 만든 삼장법사의 주문을 권력에 적용한 것과 비슷하다. 이를 통해 사회의 문제점을 정확하게 끄집어내고 양심을 일깨우며 부패를 반대하고 청렴을 주창하자는 바람직한 사회적 분위기를 조성할 수 있게 되었다. 이 같은 운동에 인민의 참여를 부단히 확대시켜야 햇빛을 사회 각 구석에까지 비추는 효과를 거둘 수 있다. 모든 사람이 나서서 정부와 간부를 감독하게 만들어야 위정자가 태만하지 않고 타락하지 않을 수 있다.

당 간부는 금전과 물건을 사용할 때 규정을 엄밀히 지키고, 권력과 인재를 쓸 때 원칙을 지키며, 업무 처리에 있어서는 공정과 공평을 추구함으로써 각종 난제를 효과적으로 해결하는 업무 기풍을 확립해야 한다.

시장경제 체제의 개선과 업무 기능의 전환기를 맞아 당 간부는 더욱 강한 책임감을 갖고 마치 살얼음 위를 걷는 태도로 청렴함을 유지해야 한다. 당 간부가 손에 쥔 권력을 잘 행사하면 큰 일을 해내고 인민의 이익을 도모하는 데 큰 도움이 된다. 반면 권력을 잘 행사하지 못하면 오물에 의해 오염되고 자신도 모르는 사이에 차츰차츰 타락하고 마는 온수(溫水) 효과에 빠지게 된다. 이 교훈은 매우 의미심장하다. 당 간부라면 늘 맑은 정신을 유지하며 자중(自重), 자성(自省), 자경(自警), 자려(自勵), 이 네 가지에 신경 써야 한다. 특히 권력을 제도라는 울타리 안에 잘 가두고, 그 권력이 햇빛 아래에서 행사되도록 노력해야 한다.

올바른 길을 걸으면
누가 따르지 않겠는가

"통치자가 솔선수범해 올바른 길을 걷는다면, 그 누가 따르지 않을 수 있겠는가"란 말이 있다. 당 간부가 '바를 정(正)'이라는 글자를 맨 앞에 놓고 모범을 보여야 한다. 그래야 바른 기풍을 지향하고 나쁜 풍조를 몰아내며 청렴결백을 숭상하고 부패를 배격하는, 그러한 바람직한 사회적 분위기를 더욱 강화할 수 있다.

• 2006년 2월 20일, 〈절강일보〉 '지강신어' 칼럼에서

출처

그대가 솔선수범해 바름으로써 거느린다면
그 누가 감히 바르지 않을 수 있겠는가.

子率以正, 孰敢不正.

• 춘추시대(春秋時代), 공자의《논어(論語)》

솔(率): 솔선수범하다.

작은 악일지라도 경계하고
작은 선일지라도 쌓아라

"위에 좋은 사람이 있으면 아래에는 필연적으로 더 좋은 사람이 있다"는 말이 있다. 당 간부가 일신에 바른 기운이 가득하면 아래에서 누가 감히 긴장을 풀 엄두가 나겠나.

당 간부는 자중(自重)과 자성(自省), 자경(自警)과 자려(自勵)를 견지하며 사회 각계의 감독을 받아들여야 한다.

여기서 첫째, 자중이란 자기의 인격을 유지하며 자기의 명성을 아끼고 자기의 언행에 주의를 기울이며 자기의 이미지를 중시해야 한다는 것이다.

둘째, 자성이란 자기의 일상 언행을 반성하고 어떠한 과실이 있는지를 생각하며 제때 수정해야 한다는 것이다.

셋째, 자경이란 정치 원칙과 도덕 규범, 그리고 당의 규율과 국가의 법률에 위반하면 안 된다는 것을 스스로 경계하고 타일러야 한다는 것이다.

넷째, 자려란 분발해 더 나은 방향으로 발전하고 진취적인 태도를 갖도록 격려하며 각종 어려움이나 좌절을 용감하게 극복해 성과를 이루도록 노력하자는 것이다.

따라서 당 간부는 각종 유혹을 견뎌내고, 교제 관계에서 흑백을 잘 구별해 나쁜 세력을 친구 삼지 않아야 하며, 여가 생활에서는 환락에 젖어들지 말고 가무와 여색에 빠지지 않도록 해야 한다.

또한 모든 사소한 일에 주의를 기울여 '작은 악이라도 경계해 근본을 유지하고 작은 선이라도 쌓아 큰 덕을 이루도록' 노력해야 할 것이다.

뭇 별들이
에워싸고 돈다

중국은 예부터 독서를 통해 수신하며 덕으로 정치를 해야 한다고 주장해왔다. 옛사람들이 말한 "마음을 수양하고 몸을 단속하고 나서야 천하를 위해 정치를 할 수 있다", "덕으로 정치를 하면 자신은 북극성처럼 가만히 있는데 뭇 별들이 그것을 에워싸고 도는 것과 같다", "독서는 덕을 세우는 것이다(讀書即是立德)" 등의 말은 모두 이 도리를 말해주는 것이다. 전통 문화에서 독서, 수신, 덕 쌓기 등은 모두 입신양명의 기초일 뿐만 아니라 정치를 하기 위한 초석이기도 하다.

• 2006년 2월 20일, 〈절강일보〉 '지강신어' 칼럼에서

출처

덕으로 정치를 한다는 것은
비유하자면 자신은 북극성처럼 제자리에 있는데
나머지 뭇 별들이 그것을 에워싸고 도는 것과 같다.
爲政以德, 譬如北辰, 居其所而衆星拱之.

• 춘추시대(春秋時代), 공자의《논어(論語) · 위정(爲政)》

도덕과 법률은 상호 보완적이다

덕을 주창하지 않으면 천하가 편안하지 못하고, 덕이 흥성하면 나라 또는 민족이 발전한다. 사람됨에 있어 덕을 중시하고 일에 있어 덕을 우선시하는 것은 일종의 이념, 목표, 지조, 경지이다.

우리는 당초 무엇을 위해 정권을 장악했나. 사적인 이익을 얻기 위함이 아니라 인민의 이익, 당의 사업을 구현하기 위한 것이었다. 인민의 공복은 덕을 기본으로 삼고 인민의 목소리를 경청하며 인민의 뜻을 받아들여야 인민의 신임과 지지를 얻을 수 있다.

사회주의 민주의 제도화와 법률화를 점차 실현시켜, 이 제도와 법률이 지도자의 교체, 또는 지도자의 견해나 관심의 변화에 따라 달라지지 않도록 해야 한다. 법에 따라 국가를 다스리는 것은 당이 인민을 이끌고 국가를 통치하기 위한 기본 방침이자 사회주의 시장경제를 발전시키기 위한 필수 요소다.

법률과 도덕은 사회를 형성하는 상부구조 구성 부분으로서, 사회 질서를 유지하고 인민의 사상과 행위를 규범화시키기 위한 주요 수단으로 서로 연결되어 있고 상호 보완적이다. 법치는 그 권위성과 강제적 수단을 이용해 사회 구성원의 행위를 규범화시킨다. 덕에 의한 통치는 설득과 권장으로 사회 구성원의 사상적 인식과 도덕적 자각 수준을 높인다.

도덕 규범과 법률 규범은 서로 결합해 함께 역할을 발휘해야 한다. 사회주의 시장경제 발전에 적합한 사회주의 사상과 도덕 체계를 적극적으로 수립하고, 이를 대중이 보편적으로 인정하고 스스로 준수하는 그러한 규범으로 자리매김시켜야 한다.

절약도
일종의 업적이다

각 기관이 앞장서서 자원을 절약하는 것은 절약형 사회를 만들기 위한 중요한 임무이자, 기관의 효율을 강화하기 위한 중요한 내용이다. 각급 기관이 절약할 수 있는 여지를 충분히 갖고 있기에 관리 시스템을 개혁하면 대폭 절약할 수 있다. 우리는 '낭비도 일종의 부패이고 절약도 일종의 업적'이라는 말의 의미를 심각하게 인식해야 한다. 기관의 업무 비용은 납세자에게서 거둔 것이라서 한 푼이라도 아끼고 세밀하게 계산해야 한다. 이것은 사회의 공적 재산을 절약하는 것이고, 인민의 노동 성과에 대한 존중이자, 국가 공무원이 가져야 할 품격과 도덕을 보여주는 것이기도 하다.

• 2006년 2월 15일, 〈절강일보〉 '지강신어' 칼럼에서

출처

낭비도 일종의 부패이고
절약도 일종의 정치적 업적이다.

浪費也是腐敗, 節約也是政績.

• 현대 민간 속담

오가는 술잔과 함께 청렴도 마셔버린다

근검절약은 중화민족의 전통적 미덕이다. 여기서 '전통'이라고 말하는 것을 보면 이러한 미덕이 오랫동안 유지되어왔음을 알 수 있는데, 오늘날 전 사회적으로 다시 근검절약을 권장하고 있으니 슬픈 일이라고 할 수밖에 없다. 특히 당 간부의 경우 그들이 허세를 부리며 낭비하는 것 대부분이 납세자가 납부한 돈에서 나오는 것이라서 인민의 미움을 야기한다.

최근 전국 각 지역의 여러 당 간부가 잇따라 낙마했는데 그 원인은 각양각색이다. 그렇지만 한마디로 정리하자면 그 주된 원인 가운데 하나는 그들이 인민을 위해 어떻게 실질적인 일을 잘할 것인가를 생각하지 않고 오히려 대우받고자 하고 규모를 비교하거나 향락에 빠지는 등 각종 규정을 무시했다는 점이다. 그들은 오가는 술잔과 함께 관료로서 지켜야 할 청렴까지 마셔버린 것이다.

따라서 각급 당 조직과 정부 부서에서는 인민들이 확실한 효과와 변화를 느낄 수 있도록 업무 풍조 개선에 많은 정력을 쏟아야 한다. 이를 위해 당 간부가 앞장서야 한다. 근검절약을 하나의 기준으로 삼아 당 간부들의 정치적 업적처럼 칭찬하고 제도와 규정을 통해 보상할 수 있도록 하는 것은 시도할 만한 여러 방법 가운데 하나다. 만약 당 간부 자신이 겉치레를 따지지 않고 소박하게 일 처리에 나서면, 이는 아랫물까지 맑히는 계기가 되어 절약을 중시하고 사치를 근절하는 긍정적 에너지로 승화될 것이다.

게으른 아낙네의
발싸개가 되지 마라

어떤 의미에서는 문장 기풍에 업무 기풍도 드러나기 때문에, 업무 기풍을 개선하기 위해서는 반드시 문장 기풍도 개선해야 한다. 현재 아주 나쁜 문장 기풍이 떠돌고 있다. 지루한 문장을 쓰고 긴말하는 것을 즐기지만, 사상적 내용이 빈약하기 짝이 없고 마오쩌둥 주석이 지적한 바와 같이 "게으른 아낙네의 발싸개처럼 길고도 악취가 심하다". 길고도 악취가 심한 게으른 아낙네의 발싸개를 쓰레기통에 버리려면 그 비결은 아주 간단하다. 정판교의 대련(對聯)을 빌려 요약하면 '번잡한 부분은 마치 가을 나무처럼 가지런하게 고쳐야 하고 봄꽃처럼 격조 있고 독창적인 것으로 만들어야 한다'.

• 2005년 8월 19일, 〈절강일보〉 '지강신어' 칼럼에서

출처

게으른 아낙네의 발싸개처럼 길고도 또 악취가 심하다.

懶婆娘的裹腳——又臭又長.

• 근현대(近現代), 인민 대중의 《헐후어(歇後語)》

기자는 비 오는 날엔 흙을 묻혀야 한다

게으른 아낙네의 발싸개는 오랫동안 세탁하지 않아 길고도 악취가 심하다. 마오쩌둥의 이 표현은 아주 생생하면서도 인상적이다. 하지만 그 발싸개는 이미 70년이 지났는데도 아직 쓰레기통에 버려지지 않았고 신문에조차 가끔 나타난다.

이러한 발싸개는 색깔과 종류가 다양하다. 어떤 것은 헛소리만 하고 실제 내용은 없다. 또 어떤 것은 간단한 내용을 장황하게 늘어놓는다. 5분이면 할 수 있는 말을 굳이 한 시간이나 끈다. 문제는 그 실제 내용이 빈곤해 사람이 마치 바다에 들어갔는데도 물고기나 새우는 하나도 보이지 않는 것처럼 들어봐야 아무런 수확이 없다.

일부 간부는 말문을 열자마자 곧 두서가 없고, 글을 쓰면 '마치 수박 껍질을 밟은 것처럼 미끄러지는 대로 가는 바람에' 비약이 심하고 요령을 찾지 못한다. 당 중앙선전부에서는 짧고 성실하며 창의성 있게 말하고 쓰라는 지침을 내렸다.

따라서 책임 있는 언론으로서는 당연히 이 같은 흐름에 순응해야 한다. 구체적으로 말하면 기자가 한밤중에 닭 우는 소리를 듣고 일어나서 무예를 연마하는 근면한 사람이 되어야지 게으른 아낙네가 되어서는 안 된다.

"맑은 날은 땀을 흘리고 비 오는 날엔 다리에 흙을 묻힌다"는 말처럼 현장을 지키는 기자가 되어 공장의 작업장에 가서 진짜 보석을 찾고, 농촌의 논과 밭에 가서 살아 있는 물고기를 잡아야 한다. 또한 에디터는 엄격하게 점검하는 금강역사가 되어야지 미장이가 되어서는 안 된다.

황제는 나라의 정문을
지켜야 한다

과거 명나라 성조(成祖)가 수도를 베이징으로 천도하며 대외
적으로 그럴싸한 명분을 내세우긴 했지만 실제로는 "황제라
면 나라의 정문을 지켜야 한다"는 각오 때문이었다. 이 말은
황제가 나라 중심부의 안전한 곳에 앉아서 편안하게 지내서
는 안 되고 나라의 정문을 지켜야 하는 것이 불변의 도리임을
말해준다. 청나라 시절 전당(錢塘)의 큰 제방을 지키는 당관
(塘官)은 4품이고 지부(知府)와 동일한 대우를 받을 만큼 높
은 지위였다. 그러나 한 가지 책임이 있었는데 그것은 바로
제방이 절대 터지지 않게 해야 한다는 것이었다. 만약 터지면
황제가 문책하러 오기 전에 그는 전당강(錢塘江)에 투신자살
을 해야만 했다. 그 시절의 봉건 관료조차 이러했으니, 오늘
날 우리는 당 간부로서 강한 책임감을 갖고 맡은 임무를 용감
하게 감당해 한 지역의 태평함을 지키고 경제를 발전시키며
주민을 부유하게 만들어서 '영토 수호에 책임 있는' 정신을
구현해야 한다.

• 2006년 2월 15일, 〈절강일보〉 '지강신어' 칼럼에서

출처

천자라면 나라의 정문을 지켜야 하고
군왕은 죽음으로 사직을 지켜야 한다.
天子守國門, 君王死社稷.

• 명대(明代), 작자 미상

직책은 곧 책임이다

당 간부는 최선을 다해 책임을 감당하고 어려움을 두려워하지 않아야 시대 요구에 부합할 수 있다. 그러기 위해서는 우선 책임을 단단히 명심해야 한다. "직책은 곧 책임이고 간부는 봉사하는 사람이다"는 말이 있다. 맡은 업무에 온 힘을 다하기를, 마치 잠을 설치고 식욕을 잃을 정도로 최선을 다해야 한다.

당 간부가 관료가 되어 한 지방의 정치를 총괄하는 임무를 어깨에 지게 되면 용기와 식견을 가지고 대담하게 시도하며 책임을 용감하게 감당해야 한다. 문제에 부딪히면 책임을 미루지 않고, 어려움을 만나면 물러서지 않으며, 위기에 직면해서는 용감하게 전진해야 한다. 또한 그 밑의 분담 책임자는 자기의 직책 범위 안에 있는 일들을 진지하고 책임감 있게 처리하고 자기가 맡은 업무에 대해 앞장서서 감당해야 한다.

당 간부는 또 사리에 밝은 사람이 되어야 한다. 자기의 직무 범위 안에 있는 업무가 무엇인지에 대해 잘 숙지하고, 업무의 핵심 문제가 무엇인지, 또 관건이 어디에 있는지, 어떻게 해야 일이 성사되는지 등을 숙지해야 한다.

'대체로 그렇다' 또는 '그럴 것 같다'는 식이어서는 안 된다. 당 간부는 몸소 일하고 자세를 낮춰 말단 현장과 일선에 깊이 들어가서 업무를 수행해야 한다.

진리를 추구하고 실제 효과를 강조하자는 업무 기풍을 대대적으로 발전시키고 성실하게 일하기, 실무에 능하기, 실제 효과 추구하기 등을 중시해야 각 목표들이 예상했던 대로 실현될 수 있다.

연단 위에서는 그가 말하고
연단 아래서는 그를 말하네

당 간부가 인민들 사이에서 높은 위신으로 영향력을 발휘할 수 있는 것은 좋은 인격과 품위 있는 몸가짐으로 스스로 모범을 보이기 때문이다. 하지만 '연단 위에서는 그가 말하고 연단 아래서는 그를 말하는' 것과 같은 우스꽝스러운 상황을 연출하다면, 인민들에게 어떠한 영향력을 끼친다거나 호소력도 얻기 어렵다.

· 2005년 2월 7일, 〈절강일보〉 '지강신어' 칼럼에서

출처

연단 위에서는 그가 말하고
연단 아래서는 (사람들이) 그를 말하네.

臺上他說, 臺下說他.

· 현대 유행어

겉과 속이 같아야 인민의 신임을 얻는다

다른 이의 신임을 얻으려면 무엇을 말했는지, 무얼 어떻게 했는지, 또 말과 행동 등에서 겉과 속이 일치했는지를 살피는 게 필요하다. 동서고금을 막론하고 정권을 잡은 사람도 많았지만 잃은 사람 또한 많았다. 정권을 획득한 이는 인심부터 얻었고 정권을 상실한 사람은 민심부터 잃었다. 민심을 상실한 이유는 대개 언행 불일치에 있었다. 이것은 영구불변의 진리다. 당 간부라면 언행일치부터 실천해야 한다.

우리 당이 천하를 얻을 수 있었던 것은 신용 있는 말과 그에 따른 결과를 내어 인민과의 약속을 잘 지켰기 때문이다. 당 간부가 연단 위에서 허풍 치고 연단 아래에서 다른 행동을 하는 언행 불일치의 모습을 보인다면 결국에는 인민의 신뢰를 잃게 된다.

일부 당 간부의 언행 불일치는 당의 이미지 추락에 큰 영향을 끼친다. 현재 그 구체적 양상은 다음과 같다. 상사 앞에서는 예의 바르고 모든 목표가 실현 가능하다고 장담하고, 부하들에게는 함부로 대하면서 실제 일 처리는 대충대충 한다. 뇌물로 관직을 사지 말라고 남들에게 말하면서 자신은 뇌물 공여는 물론 심지어 관직까지 팔기도 한다. 또 부패의 덫에 빠지지 말라고 남에게 충고하면서 자신은 향응을 받아 온종일 먹고 마신다.

이 같은 일부 간부의 언행 불일치는 사심에서 비롯되는 경우가 많다. 겉으로 단체를 위한다 하고 속으로 개인의 이익을 도모한다. 또 인민 앞에서 시치미 떼고 고상한 척하면서 실제로는 이를 보호막으로 삼아 개인적인 목적을 이루려 한다. 당 간부는 겉과 속이 같아야 인민의 신뢰를 얻을 수 있음을 잊지 말자.

잘 울리는 북에는
큰 북채가 필요 없다

고급 간부는 자중(自重), 자성(自省), 자경(自警), 자려(自勵),
이 네 가지를 입에 달고 살아야 한다. 여기서 말하는 이 네 가
지 '자(自)'에는 끊임없이 자아비판을 하라는 뜻이 담겨 있다.
'잘 울리는 북에는 큰 북채가 필요 없는' 것처럼 고급 간부라
면 작은 주의만으로도 즉시 자신의 잘못을 고칠 수 있도록 늘
깨어 있는 정신 자세를 갖추고 있어야 한다.

• 2005년 2월 4일, 〈절강일보〉 '지강신어' 칼럼에서

출처
총명한 이에게는 신신당부가 필요 없듯
잘 울리는 북에는 큰 북채가 필요 없다.
靈公不用多叮囑, 響鼓不用重錘敲.
• 근대 민간 속담

진정한 보살은 자주 기도하지 않아도 보호해준다

당 간부는 '채찍을 휘두르기 전에 먼저 뛰어간다'는 각오로 매사 진취적이어야 한다. 이 같은 진취적인 태도를 유지하기 위해서는 인품과 능력, 행위, 이 세 가지를 갖추어야 한다. 그중에서 인품은 사상의 수준이 높고 도덕적인 수양 또한 잘되어 있음을 말한다.

능력은 인품의 연장선에 있다고 볼 수 있다. 인품이 내부에서 외부로 나가는 중간 단계가 능력이다. 행위는 인품과 능력의 외재적 표현이자 현실적인 표현이다. 행위는 바로 눈에 띄는 것이라 가장 설득력 있고 가장 호소력 있다. 따라서 행동으로 모범을 보여야 인민을 이끌 수 있다.

이처럼 당과 인민을 이끌어나가기 위해서 당 간부는 무엇보다 자신부터 진취적인 태도를 가져야 하며, 자신을 엄격하게 단속해야 한다. 자기 행동의 잘잘못을 가리는 데는 자아비판만큼 효과적인 것도 없다. 자중과 자성, 자경, 자려, 이 네 가지는 바로 자신을 향해 끊임없이 가하는 감독 행위이다.

일상생활 속에서 늘 자신을 감독하는 습관을 갖게 된다면 삐뚤어진 길로 나아갈 가능성이 거의 없으며, 작은 주의만 주어져도 곧바로 잘못을 수정할 수 있다. 진정한 보살이라면 자주 기도하지 않아도 보호받게 되고, 품질 좋은 북은 큰 힘으로 두드리지 않아도 잘 울리지 않던가.

끊임없이 반성하다 보면 이미지가 쇄신되고, 좋은 이미지가 쌓이면 인간적인 매력으로 향기를 뿜게 마련이다. 당의 고급 간부라면 바로 이 인간적인 매력으로 자신을 입혀야 한다.

욕심은 물과 같아
자신을 익사시킨다

권력을 행사할 때는 관료의 덕을 지켜야 하고, 사람과 사귈 때는 원칙이 있어야 한다. 이는 탐욕이 야기하는 폐해를 막기 위해서다. 일단 탐욕이 생기면 그 폐해는 이루 상상할 수 없다. 그래서 옛사람은 "탐욕은 불과 같아서 억제하지 못하면 자신을 불태우고, 욕심은 물과 같아서 억제하지 못하면 자신을 익사시킨다"고 말했다.

• 《구시(求是)》 제19호(2004)에서

출처

탐욕은 불과 같아서 억제하지 못하면 자신을 불태우고
욕심은 물과 같아서 억제하지 못하면 자신을 익사시킨다.
貪如火, 不遏則自焚; 欲如水, 不遏則自溺.

• 전국시대(戰國時代), 한비(韓非)의 《한비자(韓非子)》

탐(貪): 탐욕스럽다.
알(遏): 억제하다.

족함을 알면 마음이 넉넉해진다

탐욕으로 자신을 망친 이는 무수히 많다. 한비(韓非)의 학우였던 이사(李斯)의 운명 또한 그러했다. 이사는 진(秦)의 개국공신이었지만 진시황이 세상을 떠나자 재상의 지위를 평생토록 유지하기 위해 조고(趙高), 호해(胡亥)와 같은 소인배 등과 함께 행동하다 국운(國運)을 쇠하게 만들었다. 결국 이사는 허리가 끊기는 형벌로 죽었고, 진나라 역시 짧은 역사의 막을 내렸다.

"일할 때 족함을 알면 항상 마음이 넉넉하고, 사람이 더 이상 갖고 싶은 게 없으면 인품이 고상해진다"고 옛사람은 말했다. 탐관오리 또한 이러한 도리를 모를 리 없다. 그러나 막상 유혹에 직면하면 이를 까맣게 잊었다.

뻗어서는 안 되는 손을 뻗고 만져서는 안 되는 물건을 만지다 감옥에 갇히는 신세가 된 이가 한둘이 아니다. 이 모두가 탐욕 때문이다. 사람의 욕심이란 끝이 없다. 부정한 재물이 도도한 강물처럼 자신의 주머니 속으로 흘러 들어오자 이들은 영원히 회복 불가능한 심연에 빠져버렸다.

부패한 관리들은 어마어마한 재물을 횡령했지만 이는 그들에게 하나의 숫자에 불과했다. 한 탐관오리의 말을 빌리자면, 부정으로 모은 재물을 쓰지도 않았고 쓸 용기도 없었다고 한다.

인민을 위해 권력을 행사하면 힘이 생기지만 사욕을 위해 쓰면 재난을 야기한다. 인민을 위해 관심을 쏟으면 희망이 생기지만 사욕을 위해 부으면 화(禍)를 입는다. 인민을 위해 이익을 도모하면 덕이 생기지만 사욕을 위해 도모하면 해를 입는다. 사람은 모름지기 족함을 알고 욕심을 줄여야 한다.

자식을 가르치지 않는 것은
부모의 잘못이다

'자식을 낳아 길렀으나 가르치지 않는 것은 부모의 잘못'이
라는 말이 있다. 가정은 아이가 태어나 자라면서 사상과 도덕
교육을 받는 첫 교실이다. 여기서 부모는 첫 교사다. 부모 입
장에서 아이가 훌륭한 인물이 되기를 바라는 것은 당연하다.
그러나 아이가 인재로 성장하려면 우선 사람 됨됨이부터 갖
춰야 한다. 사람은 덕이 없으면 멀리 갈 수 없다. 좋은 도덕적
인품과 사상적 수양이 없다면 풍부한 지식과 높은 학문적 수
준을 갖추었다 해도 결코 큰 인물이 될 수 없다.

• 2004년 7월 19일, 〈절강일보〉 '지강신어' 칼럼에서

출처
길러도 가르치지 않으면 부모의 잘못이고
가르쳐도 엄하지 않으면 스승이 게으른 것이다.
자녀로서 열심히 공부하지 않으면 잘못된 것이며
어려서 힘써 배우지 않으면 나이든 뒤 어디에 쓰랴.
養不敎, 父之過. 敎不嚴, 師之惰. 子不學, 非所宜. 幼不學, 老何爲.
• 남송(南宋), 왕응린(王應麟)의 《삼자경(三字經)》

자녀는 부모의 거울이다

최근 일부 당 간부의 자녀 또는 가족이 법률을 위반해 여론의 지탄을 받고 있다. 이들의 위법 행위는 때로는 친인척 전체에 대한 '신상 털기'로 이어져 사회적으로 나쁜 영향을 미치는 큰 이슈가 되기도 한다.

가정은 사회의 기본 단위이고 자녀는 부모의 거울이다. 당 간부는 올바른 가풍(家風)을 수립해 앞장서서 자녀 교육에 임해야 한다. 가풍이란 가정의 일관된 분위기를 말하는 것이다. 이 가풍은 단지 한 작은 가정의 일로 그치는 게 아니라 당의 기풍과 정치 기풍, 나아가 전체 사회의 기풍을 좌우한다. 당 간부라면 가풍 확립의 중요성을 깨닫고 자녀를 잘 교육하고 단속할 수 있는 가풍을 세워야 한다.

가풍은 결코 작은 일이 아니다. 당 간부는 가풍 수립을 사적인 일로 여겨서는 안 된다. 당의 기풍 수립에 바쁘다고, 또는 정치 기풍 수립에 분주하다고 자신의 가풍 수립을 가벼이 보거나 망각해서는 안 된다. 바람직한 가풍을 건설하기 위해서는 우선 가정부터 엄격하게 다스릴 필요가 있다.

가사(家事) 또한 작은 일이 아니다. '방 하나도 정돈하지 못하면서 어떻게 천하를 정돈할 수 있겠는가'라는 말 또한 있지 않은가. 당 간부는 당내에서의 본분을 다하는 동시에 바람직한 가풍 수립에 많은 노력을 기울여야 한다. 배우자와 자녀에게 틈나는 대로 정치사상과 이념, 신념 교육을 시켜야 한다. 당 간부가 자신의 가풍부터 올바르게 확립한다는 것은 자신이 청렴하게 정치를 하고 인민을 위해 봉사하기 위한 토대를 마련하는 것과 같은 의미가 있다.

풍선은 바늘 끝으로
터진다

사람의 정신과 인품은 아주 작은 일에서 드러난다. 아무리 사소한 일이더라도 한 사람의 업무 태도와 됨됨이를 비추는 거울로서 부족함이 없다. "큰 둑은 개미구멍으로 무너지고 풍선은 바늘 끝으로 터진다", "콩이 작아도 위장을 상하게 할 수 있고 술잔이 깊지 않아도 사람을 익사시킬 수 있다(巴豆雖小 壞腸胃 酒杯不深淹死人)"는 말이 있다. 이것은 하찮아 보이는 부패분자라도 소홀히 할 수 없음을 보여주는 심각한 교훈의 말이다. 대부분의 사람은 사소한 일에 세심한 주의를 기울이지 않는 까닭에 부패의 나락으로 떨어진다. 술잔을 권하는 사이에 경계심이 느슨해지고, 작은 은혜 앞에 원칙을 잊기 시작한다. 마침내 경쾌한 노래와 우아한 춤이 오가는 사이에 인격은 상실된다.

- 2004년 3월 20일, 〈절강일보〉 '지강신어' 칼럼에서

출처

가벼움은 무거움의 시작이고, 작은 것은 큰 것의 원천이기도 하다.
고로 큰 둑은 개미구멍으로 무너지고, 풍선은 작은 바늘 끝에 의해 터진다.
輕者重之端, 小者大之源, 故堤潰蟻孔, 氣泄針芒.

- 남북조시대(南北朝時代), 범엽(範曄)의 《후한서(後漢書)·진충전(陳忠傳)》

단(端): 시작.
의공(蟻孔): 개미구멍.
침망(針芒): 바늘 끝.

사소한 일을 챙겨야 우환을 막는다

최근 법규를 위반한 당 간부의 부패와 타락의 궤적을 따라가보면 한 가지 공통점을 발견할 수 있다. 그것은 곧 일상생활에서 '사소한 일에 신경 쓰지 않았다'는 점이다. 어떤 간부는 '값싼 요리'를 얻어먹다 빈틈을 허용했고, 또 어떤 간부는 '변변치 않은 선물'을 거절 못 하다가 사상적 방어선이 뚫렸다. 또 어떤 간부는 '작은 여흥'과 '작은 노름'을 즐기다 사치와 욕망의 세계로 떨어지고 말았다.

작은 규칙이라도 처음부터 철저히 지키지 않으면 나중에는 큰 업보로 다가오는 법이다. 사람들은 보통 커다란 액수의 뇌물과 선물에 대해서는 경계심을 갖는다. 그러나 명절 때의 작은 선물과 금전은 작은 일로 생각해 기꺼이 받는다. 이처럼 작은 성의를 대수롭지 않게 받는 게 바로 부패의 길로 들어가는 첫걸음인 줄은 대부분 의식하지 못한다.

오늘날 뉴스에 나오는 대형 부패사건의 주범들이 어느 날 갑자기 커다란 부패를 저지르기로 마음먹은 것은 아니다. 그들 또한 시작은 모두 작디작았다. 한 탐관오리는 처벌받은 후 "내가 처음 작은 잘못을 범할 때 조직에서 제때 발견하고 엄격하게 처리했다면 오늘날과 같은 지경엔 이르지 않았을 것"이라고 토로하기도 했다.

당 간부는 자신의 일상생활을 잘 관리해야 한다. 아무리 작은 개인적인 일이나 취미 활동이라도 '작게, 대수롭지 않게, 가볍게' 봐서는 안 된다. 작은 일 아래에 도사린 잠재적인 위기를 경계해야 한다. 사소한 일을 잘 챙겨야 훗날의 우환을 막을 수 있다.

일은 생기기 전에 처리하고
혼란해지기 전에 다스려라

간부들의 일상 업무 처리 방식을 보면 세 유형으로 나뉜다.
첫 번째는 사물을 보는 눈이 예민해 작은 조짐만 갖고도 전
체 추세를 꿰뚫는다. 이런 간부는 "일이 생기기 전에 처리하
고 혼란해지기 전에 다스린다"는 말처럼 사전에 철저한 준비
로 재난을 미연에 방지한다. 또 "담소하는 사이에 적의 전선
(戰船)을 완전히 사라지게 만든다(談笑間檣櫓灰飛煙滅)"는 말
처럼 밀고 당기는 유연한 일 처리로 업무 성과를 높인다. 이
런 리더십은 거의 예술에 가까운 높은 경지다. 두 번째는 밤
낮으로 애쓰는 스타일이다. 사태를 보는 예측 능력은 떨어지
지만 문제가 생기면 적시에 조치를 취해 해결한다. 부지런함
으로 부족한 재능을 보완한다. 세 번째 유형은 사태를 보는
눈이 더디고 반응도 늦으며 문제의 핵심을 발견하지도 못한
다. 문제점을 발견해도 관심이 없거나 해결 능력이 없어 당황
해한다. 당 간부는 학습과 실천으로 리더십을 부단히 발견시
켜 최고 경지에 이르도록 노력해야 한다. 특히 세 번째 유형
이 되지 않도록 경계해야 한다.

- 2004년 1월 13일, 〈절강일보〉 '지강신어' 칼럼에서

출처

안정되어 있으면 유지하기 쉽고, 기미가 나타나기 전이면 도모하기 쉽다.
무르면 녹기 쉽고, 미세하면 흩어지기 쉽다.
일은 생기기 전에 처리하고, 혼란해지기 전에 다스려야 한다.
其安易持, 其未兆易謀, 其脆易泮, 其微易散. 爲之于未有, 治之于未亂.

- 춘추시대(春秋時代), 노자(老子)의 《도덕경(道德經)》

부패는 조기에 작을 때 잡아야 한다

일반적으로 사물이 발전하는 법칙 중에서 큰 것은 중간이나 작은 것에서 출발한다. 따라서 부패도 작은 잘못에서 큰 잘못으로, 양적인 것에서 질적인 것으로 변화하는 과정을 거친다. 문제가 처음 발생했을 때 경고를 받았다면 '날이 저물 때까지 한길만 가는' 어리석은 처신은 하지 않았을 것이다.

물론 고급 당 간부가 부패를 저질렀느냐 아니냐의 여부는 타인의 감독으로 따질 일이 아니다. 응당 스스로 청렴해야 한다. 그러나 원숭이도 나무에서 떨어질 때가 있듯이 고급 간부도 판단력이 흐려질 때가 있다. 이럴 때는 누군가 초기 단계에서 경고음을 발신해줄 필요가 있다. 그렇지 않으면 '문제가 산더미처럼 커지고 나서야' 자신의 잘못을 알게 된다. 하지만 때는 이미 늦어 비싼 대가를 치러야 한다. 이렇게 되면 자신뿐만 아니라 동료와 당, 국가 모두가 손해다.

고급 당 간부라면 누구나 당 조직의 교육과 훈련을 받고, 여기에 각고의 개인적 노력이 더해져 어렵사리 현 지위까지 올라갔으리라 짐작된다. 처음에 부패는 상상조차 못했을 것이다. 그런데 지위와 환경의 변화가 사람을 변질시켜, '적게 먹는 것'에서 시작해 '크게 먹는 것'으로 타락한다. 이런 경우라면 '일찍이', 또 '작을 때'부터 단속하는 조치가 필요하다.

사고란 갑자기 생기지 않는다. 반드시 징후가 있다. 멀리 내다볼 수 있는 사람은 우환거리를 미리 알아채고 해결할 수 있다. 작은 조짐만 갖고도 전체 추세를 꿰뚫는 통찰력을 키워야 한다.

볼품없는 작은 관리지만
가지 하나 잎 하나에 마음 쓰이네

예부터 많은 업적을 이룬 관리들은 백성의 고통을 자신의 과제로 삼았다. 범중엄의 "천하의 근심을 먼저 근심하고 천하의 즐거움은 나중에 즐거워한다"에서 정판교의 "볼품없는 이 사람 작은 고을 관리지만 가지 하나 잎 하나에 마음 쓰이네"에 이르기까지, 또 두보의 "어떻게 하면 수많은 집을 마련해 세상 가난한 이들의 얼굴을 펴게 할까(安得廣廈千萬間, 大庇天下寒士俱歡顔)"로부터 우겸(于謙)의 "천하가 배부르고 따뜻하게 살기를 바라기에 이제 고생을 마다하지 않고 황량하고 외진 이 산림을 벗어나고자 한다(但願蒼生俱飽暖, 不辭辛苦出深林)" 까지 모두 마음에 백성을 담고 있지 않으면 관리 노릇 하지 말라는 충고를 하고 있다.

• 2004년 1월 5일, 〈절강일보〉 '지강신어' 칼럼에서

출처
관사에 누워 댓잎 소리 듣자니
고생스러운 민초들의 신음소리 같구나.
볼품없는 이 사람 작은 고을 관리지만
가지 하나 잎 하나에도 마음이 쓰이네.
衙齋臥聽蕭蕭竹, 疑是民間疾苦聲; 些小吾曹州縣吏, 一枝一葉總關情.
• 청대(淸代), 정판교(鄭板橋)의 《유현서중화죽정년백포대중승괄(濰縣署中畵竹呈年伯包大中丞括)》

인민의 희로애락은 청우계(晴雨計)다

희로애락은 사람의 여러 가지 감정이기에, 인민이 자연스레 드러내는 삶의 희로애락에는 많은 정보가 담겨 있다. 웃는 얼굴은 정부에 대한 칭찬을 뜻하고 탄식은 자신의 억울함을 말한다. 또 인민의 지적은 소임을 다하지 못하는 관료에 대한 불만을 의미한다. 이처럼 인민은 다양한 표정으로 정부의 업무에 점수를 매긴다. 인민의 표정을 잘 살피면 어떤 제도를 개선해야 할지, 또 어떤 실수를 수정할 필요가 있는지 답을 알 수 있다.

그런 인민의 표정은 어디에서 찾아야 하나. 회의장이 아닌 농촌의 넓은 밭머리에 있다. 사무실이 아니라 도시의 나지막한 거주지에 있다. 먹고 마시는 테이블 위에 있지 않고 인민의 소박한 밥그릇에 있기도 하다. 상투적인 표현으로 가득한 문서 안에 있는 게 아니라 억울함을 호소하는 인민의 눈물 속에 있는 것이다.

인민의 표정은 어떻게 살필 수 있나. 인민에 대한 두텁고도 애틋한 마음을 지니고 있어야 살핌이 가능하다. 진심 어린 배려와 진정한 존중, 성의가 있어야 인민의 속내를 알아챌 수 있다.

당 간부라면 인민이 추운지 더운지, 괴로운지 즐거운지, 안전한지 위험한지를 염두에 두고, 인민에게 가장 시급한 문제부터 관심을 기울여 처리해야 한다. 인민은 당 간부를 입혀주고 먹여주는 부모와 같다. 그런 인민을 마음속에 담고 있어야 인민 또한 당 간부를 마음속에 둘 것이다. 당 간부가 인민을 가족으로 여겨야 인민 또한 당 간부를 자신의 가족으로 대할 것이다.

군자와는 가까이 지내고
소인은 멀리하라

인재를 선발하고 임용하는 것은 리더의 중요한 업무다. 간부를 선발하고 임용하려면 우선 자신의 눈을 맑게 해야 한다. 그리고 실천 과정을 통해 인재를 가려내야 한다. 해당 간부에 대한 평가는 남의 이야기에 의존할 게 아니라 실제 함께 일하거나 행동하며 그 간부의 됨됨이를 살펴야 한다. 특히 "군자와는 가까이 지내고 소인은 멀리하라"는 원칙을 견지할 필요가 있다. 감정적으로 일을 처리하지 않고, 개인적인 호불호에 따라 편견을 갖지 않으며, 사람 간의 친소관계에 의해 흔들리지 말아야 한다. 바로 그런 방법으로 올바른 임용 방침을 수립해야 한다.

- 2003년 11월 21일, 〈절강일보〉 '지강신어' 칼럼에서

출처

현명한 신하를 가까이 하고 소인을 멀리한 것이
선한이 흥성할 수 있었던 까닭이며,
소인을 가까이 하고 현명한 신하를 멀리한 것이
후한이 쇠락하고 무너지게 된 까닭이다.

親賢臣, 遠小人, 此先漢所以興隆也;
親小人, 遠賢臣, 此後漢所以傾頹也.

- 삼국시대(三國時代), 제갈량(諸葛亮)의 《전출사표(前出師表)》

군자는 평온하되 교만하지 않다

군(君)은 고대 국가의 최고 통치자를 가리킨다. 군주(君主)라고도 했다. 군자(君子)는 원래 국왕의 아들을 가리키는 말이다. 군자는 어려서부터 사상과 인격에 대한 규범 교육을 받는다. 따라서 개인 수양의 모범이 되기에 안성맞춤이었다. 이후 군자라는 단어는 도덕과 학문 수양이 높은 사람에 대한 통칭으로 쓰이게 되었다.

"군자는 평온하되 교만하지 않지만, 소인은 교만하되 평온하지 못하다." 군자는 위험에 처해서도 침착하고, 승리했다고 교만하지 않다. 반면 소인은 순탄한 환경에서 교만을 떨다가도 역경에 처하면 바로 위축되어 큰 일을 할 수 없다. 또 마음과 입이 일치하면 군자지만, 소인은 마음과 입이 따로 논다. 입으로 수긍하면서도 속으로 반대하는 소인은 윗사람을 모실 때 충성스럽지 못하고 친구를 사귈 때도 신의가 없다. 소인을 경계해야 하는 이유다.

"군자는 화합하지만 부화뇌동하지 않고 소인은 부화뇌동하지만 화합하지 못한다." 사회적 동물인 사람은 타인의 평가에 의해 산다고 말할 수 있다. 군자는 도덕과 정의에서 출발하므로 다른 이와 의견이 달라도 꺼리는 바가 없다. 반면 소인은 권력자에게 빌붙어 아부하고 남이 말하는 대로 따라 말하며 자신의 주장이라곤 없다.

군자와 소인의 도덕 준칙도 다르다. "군자는 덕을 생각하지만, 소인은 편히 머물 곳을 생각한다." 그러니 "군자는 위로 인의에 이르지만 소인은 아래로 이익에 달한다." 당 간부가 지향해야 할 대상은 분명하다. 군자는 가까이 하고 소인은 멀리해야 하는 것이다.

신의가 없으면
쓸모가 없다

'신의가 없는 사람은 아무짝에도 쓸모없다'라는 말이 있다. 만약 기업에 신용이 없으면 그 기업은 발전을 기대하기 어렵다. 또 사회에 신용이 없으면 사회 구성원 전체가 위험에 처하게 되고, 정부에 신용이 없다면 그 정권은 권위를 상실하게 된다. 주룽지(朱鎔基) 전 총리가 한 회계학원을 시찰하는 자리에서 '가짜 장부를 만들지 말라'고 지시한 바 있다. 이는 비단 회계 종사자뿐만 아니라 정부와 관료 전체에게 한 말이기도 하다. 당원이라면 반드시 신용을 중시해야 한다.

• 2003년 9월 15일, 〈절강일보〉 '지강신어' 칼럼에서

출처

사람에게 신의가 없다면 그 쓸모를 알 수 없다.
큰 수레에 소의 멍에를 멜 데가 없고
작은 수레에 말의 멍에를 걸 데가 없다면,
어떻게 그것을 끌고 갈 수 있겠는가.
人而無信, 不知其可也. 大車無輗, 小車無軏, 其何以行之哉.

• 춘추시대(春秋時代), 공자의 《논어(論語)·위정(爲政)》

예(輗): 소가 끄는 수레에서 멍에를 고정하는 쐐기.
월(軏): 말이 끄는 수레에서 멍에를 고정하는 쐐기.

신용은 상호적이다

신용(信用)의 신(信)은 두 가지 의미를 갖는다. 하나는 남의 신임을 받는 것이고, 다른 하나는 남에게 신용을 지키는 것이다. 신용은 상호적이다. 당신이 남의 신임을 얻기 위해서는 먼저 신용을 지켜야 한다. 신용을 지키지 않는 사람과 상대하고 싶은 사람은 아마 없을 것이다.

정부의 신용에는 정부 측의 성실함과 신용 지키기, 인민 측의 신임 등, 세 방면을 포함한다. 인민의 입장에 서서 여론 조사 방법 등을 통해 정부의 신용에 대해 평가하면 정부의 신용을 높이는 효과를 거둘 수 있다. 이 경우 정부는 인민의 신임을 얻으려는 취지로 더욱 분발하기에 여러 행정 개혁의 방향을 보다 분명하게 설정할 수 있을 것이다.

신용은 사회적으로 존재하는 일종의 '관계'라 할 수 있다. 현대 사회에서 정부의 우선적인 역할은 바로 현대인이 생존하기 위해 필요한 여러 '관계'를 잘 지키고 보호해주는 것이다. 이는 정부가 존재하는 이유이기도 하다. 현대 정부는 사람과 사람 사이의 신용에 대한 법칙을 제정하고 집행하며 지키는 역할을 할 뿐만 아니라, 국가 스스로 솔선수범해 신용을 지키는 시범을 보이기도 한다. 신용 사회를 확립하는 데 있어 일차적 책임은 정부에 있다.

칼이나 두드리며
수레가 없다고 원망 마라

어떤 간부가 사직을 하고 사업에 뛰어들었다. 이유인즉 그 옛 날 맹상군(孟嘗君)의 식객으로 '칼이나 두드리며 수레가 없 다고 원망했던 풍환(馮驩)'처럼 그 자신 또한 당에서 제공해 주는 '플랫폼'이 별로 크지 않아서다. 도대체 얼마나 큰 플랫 폼이어야 충분하단 말인가. 솔직히 어떤 간부가 현급(縣級)의 주요 지도자 위치에 올랐다면, 그는 더 이상 '큰 인물을 하찮 은 일에 쓴다'든가 또는 '영웅이 무용(武勇)을 발휘할 곳이 없 다' 따위의 말을 해서는 안 된다.

• 2003년 6월 18일, 〈절강일보〉 '지강신어' 칼럼에서

출처

풍환처럼 칼이나 두드리며 수레가 없다고 원망 마라.

無車彈鋏怨馮驩.

• 근현대(近現代), 유아자(柳亞子)의 《감사정모주석 1수(感事呈毛主席一首)》

푸념으로는 문제를 풀 수 없다

어떤 당 간부는 너무 적게 받는다고 푸념한다. 지급된 승용차가 자신의 품위에 맞지 않고 주어진 집은 호화롭지 못하다며 투덜댄다. 또 어떤 간부는 조직이 자신에게 빚을 지고 있고 상사가 자기를 푸대접하고 있다고 불만을 토한다. 이들은 매사에 남 탓하기를 즐겨 하지만 자신을 거울에 비춰보는 일은 꺼린다.

일부 간부는 조금만 실적을 내도 거만해지면서 자신의 처지를 망각하는 경우가 많다. 또한 조금만 억울해도 참지 못하고 툭하면 불만에 가득 차서 떠든다. 그러나 이런 일에 부딪힐수록 전후 사정을 살펴 처지나 입장을 바꿔 생각하는 습관을 들이고, 사물의 다양한 측면을 볼 수 있는 능력을 길러야 한다. 푸념은 일반적으로 마음의 불균형에서 비롯한다. 상하좌우를 포용하고 배려할 수 있는 평상심을 기르면 불균형에 대한 푸념이 저절로 사라질 것이다.

푸념은 남에게 해를 끼치고, 자신에게도 무익하며, 일에도 아무 도움이 되지 않는다. 남에게 해를 끼친다는 것은 단체의 사기를 저하시키고 단결력을 흩트려 전체에 이롭지 못하기 때문이다. 자신에게 무익하다는 것은 자신을 의기소침하게 만들며 남의 미움을 살 수 있는 까닭이다. 또 일에 도움이 되지 않는다는 것은 푸념으로는 문제를 풀 수 없고 오히려 문제해결의 방해가 되기 때문이다. 당 간부라고 해서 어려움이나 억울함이 없을 수 없다. 그러나 대국적인 관점에서 자신의 처지를 살피고 멀리 보는 눈을 가져야 한다. 자신에겐 엄격하지만 타인에겐 너그러워야 한다. 이것은 일종의 수양의 경지다.

먼저 본인과의 우정과 추진력으로 본 저서의 한국 출간을 흔쾌히 전담하시고 성공시킨 전 청와대 비서관을 역임한 디지털서울문화예술대학교의 유준호 단장님께 깊은 감사를 드립니다.

또한 이 책의 한국어 번역을 책임진 유상철 기자와 이 책을 출판한 경인문화사(종이와나무), 중국 연락을 책임진 베스툰 코리아 에이전시의 김영주 실장님께도 감사의 뜻을 전합니다.

끝으로 이 일을 가교하시고 중국 측 업무 처리로 많은 도움을 주신 중국 길림성 사회과학연합회 학술부장을 역임한 나의 오랜 절친 김진수 교수의 노고를 깊이 간직하겠습니다.

이 책의 출간이 중한(中韓) 양국의 교류와 발전에 도움이 되었으면 하는 바람입니다.

2016년 5월
청지룽

시진핑, 부패와의 전쟁

초판 1쇄 인쇄 | 2016년 6월 10일
초판 1쇄 발행 | 2016년 6월 17일

지은이 | 청지룽
옮긴이 | 유상철
발행인 | 한정희
발행처 | 종이와나무
출판신고 | 2015년 12월 21일 제406-2007-000158호
주소 | 경기도 파주시 회동길 445-1 경인빌딩 B동 4층
전화 | 031-955-9300
팩스 | 031-955-9310
홈페이지 | http://www.kyunginp.co.kr
이메일 | kyunginp@chol.com

ISBN 979-11-957602-1-3 03300
값은 뒤표지에 있습니다.

종이와나무는 경인문화사의 자회사입니다.